Aos meus pais, Dilermando (in memoriam) e Gildete, que me ensinaram a importância de aprender.

A Eliane, mais que companheira, cúmplice nos sucessos da vida.

A Bruno e Daniela, inspirações na busca permanente do aperfeiçoamento.

Apresentação

A razão de ser dos sistemas organizacionais é o atendimento às necessidades dos integrantes da sociedade, transformando-os em clientes.

Em qualquer hipótese, esse atendimento não se pode dissociar da qualidade do produto ou serviço que o consubstancia. O acirramento da concorrência na disputa da clientela, característica dos tempos atuais, torna crucial a excelência do atendimento, transformando-a em razão do crescimento e da própria sobrevivência das organizações.

Os destinos turísticos não fogem a essa realidade no que diz respeito à captação e satisfação dos fluxos de viajantes que se deslocam pelo mundo em busca de lazer, por razões profissionais, ou mesmo na expectativa de utilização de serviços especializados, entre tantos outros motivos que levam as pessoas a viajar.

A consecução da qualidade do atendimento nos destinos turísticos possui uma complexidade mais ampla, em função de decorrer do comportamento de todos aqueles (empresas, profissionais liberais, órgãos governamentais e a própria comunidade globalmente considerada) envolvidos na recepção do visitante.

O objetivo deste trabalho é servir de ponto de partida para a compreensão da aplicação dos princípios gerenciais voltados para a melhoria da qualidade do desempenho da atividade turística e, em especial, dos destinos turísticos.

O Autor

Prefácio

O segmento de serviços, no tocante à qualidade, tem se apresentado como um alvo em constante movimento. Quem não vivenciou um caso de mal atendimento? Casos que variam desde situações envolvendo vendedores indiferentes, atendentes mal humorados ou informações desencontradas, quer seja de um agente de uma companhia aérea, ou de um funcionário dos serviços públicos. A impressão que se tem é que as pessoas não se esforçam para transmitir as respostas certas ou em valorizar seus clientes. A despeito de todas essas evidências, a qualidade nos serviços prossegue como um desafio para as empresas que desejam permanecer no mercado e ter êxito neste próximo milênio. Os padrões de exigência por melhores serviços tendem a se elevar. Os clientes mostram-se cada vez mais informados e conscientes de seu poder de compra. Por sua vez, as organizações prestadoras de serviço **(aquelas com visão estratégica)** buscam métodos capazes de medir e avaliar indicadores que sirvam de parâmetros para a melhoria contínua. Em suma, as tendências das relações de negócios entre clientes e fornecedores de serviços já sinalizam um cenário, no mínimo, desafiante, considerando, principalmente, os extraordinários esforços que terão que fazer os fornecedores na conquista e, principalmente, na manutenção da fidelidade de seus clientes.

Passa por este contexto, o nível de informação dos consumidores. Tal nível será, certamente, mais apurado e seletivo no tocante às suas necessidades e anseios. Nesta direção percebe-se que as opções literárias ofertadas, cada vez mais, buscam a especialização e enriquecem o cliente com conceitos modernos e casos da vida real, propiciando uma visão clara e fundamentada na arte de consumir e fornecer qualidade nos serviços.

Esta obra é resposta a todo este cenário. O autor, mestre e amigo Prof. **Elder Lins Teixeira,** foi muito feliz ao escrever e publicar a obra **Gestão da Qualidade em Destinos Turísticos.**

A leitura é leve e está em perfeita harmonia com os conceitos da qualidade em serviços. São abordados tanto os princípios acadêmicos do atendimento quanto a prática exemplificada, de forma alegre e descontraída.

A análise dos bem humorados casos vivenciados pelo autor, demonstra a experiência de um cliente conhecedor dos quatro cantos do mundo. Além de agradável, a leitura é enriquecedora e o Prof. **Elder Lins Teixeira**, consegue propiciar ao leitor importantes momentos de reflexão e aprendizado.

Claudius D'Artagnan C. Barros
Diretor da PROPAR Sistemas da Qualidade

Sumário

Capítulo 1
O Sistema Organizacional – Seu Funcionamento e Equilíbrio ... 1
1.1 Gestão da Qualidade 1
1.2 A Organização Como Sistema – Características 2
1.3 Os Participantes do Sistema Organizacional 4
1.4 A Voluntariedade e o Antagonismo na Participação 13
1.5 Os Conflitos na Organização 17
1.6 A Organização – Um Sistema de Comunicações 22
1.7 A Organização – Um Sistema de Decisões 26
1.8 A Organização – Um Sistema Aberto 30

Capítulo 2
O Turismo e sua Importância Econômica 39
2.1 A Dinâmica do Turismo 39
2.2 A Distribuição das Receitas do Turismo 42
2.3 A Importância Econômica do Turismo 47
2.4 A Distribuição do Produto Turístico pelo Mundo 50
    I – Africa: 50
    II – Americas: 50
    III – Asia Oriental y El Pacifico: 51
    IV – Asia Meridional: 52
    V – Oriente Medio: 52
    VI – Europa: 52
2.5 Turismo – Conceitos Básicos 56

Capítulo 3
Turismo – Casos de Qualidade (Ou Falta Dela....) 63

3.1 Turismo – A Responsabilidade pela Qualidade 63
    3.1.1 Abandonado pelo Hotel 64
    3.1.2 Despertador Dorminhoco 65
    3.1.3 A Conta Perdida 65
    3.1.4 A Cobrança Indevida 66
    3.1.5 Lâmpadas Apagadas 67
    3.1.6 Bagunça no Hotel 67
    3.1.7 O Gerente Perdido 68
    3.1.8 Promoção Desastrada 69
    3.1.9 O Agente Desinformado 69
    3.1.10 Conflitos na Fronteira 70
    3.1.11 Briga por um Iogurte 71
    3.1.12 Câmbio em Bogotá 73
    3.1.13 A Conta Inflacionada 73
    3.1.14 Auto-Serviço não Anunciado 74
    3.1.15 Uísque Chinês 74
3.2 Qualidade Existe e Recompensa 75
    3.2.1 Gratidão Manifestada 75
    3.2.2 Descuido Providencial 76
    3.2.3 Perseguindo a Qualidade 77
    3.2.4 A Mão Invertida 77
    3.2.5 Bon Bini 78
    3.2.6 O Passaporte Esquecido 78
    3.2.7 Furacão no Atlântico 79
    3.2.8 Mesma Cultura, Desempenhos Diferentes 80
    3.2.9 O Passaporte Perdido 81

Capítulo 4
A Qualidade no Turismo 83
4.1 Definindo a Qualidade 83
4.2 A Cultura da Qualidade 89
4.3 A Qualidade no Turismo 95
4.4 Um Programa de Qualidade em Destinos Turísticos 103

Referências Bibliográficas 109

Anexo 111
Programa de Qualidade no Turismo em Pernambuco. Um Estudo de Caso 111
1. Antecedentes, Justificativa e Objetivos do Programa de Qualidade
   no Turismo em Pernambuco 112
2. A Estrutura Gerencial do Programa de Qualidade no Turismo
   em Pernambuco 114
3. Conteúdo do Programa 116
4. Recursos Previstos para o Programa 117
5. O Desenvolvimento do Programa e sua Avaliação Atual 118
6. Conclusões 120

Capítulo 1

O Sistema Organizacional – Seu Funcionamento e Equilíbrio

1.1 Gestão da Qualidade

A análise da questão da qualidade no desempenho das organizações, públicas ou privadas, que se dedicam à prestação de serviços no atendimento ao mercado do turismo, exige, inicialmente, a compreensão da própria dinâmica de seu funcionamento.

Evidentemente que não se pode pretender afetar o nível de qualidade do desempenho organizacional, seja de uma empresa de hotelaria, de uma agência de viagens, de um restaurante, de um teatro ou mesmo de uma agência governamental voltada a atender ao turista, sem que se entenda a natureza do processo que se desenvolve em seu interior, os diversos níveis de motivação que influenciam o desempenho de seus integrantes e a sua inter-relação com um ambiente exigentemente concorrencial e mutável.

Nesta primeira parte discutem-se a natureza do sistema organizacional, seu funcionamento, as influências ambientais decorrentes, ao mesmo tempo, da globalização social e da realidade conjuntural da comunidade onde atua, bem como os cuidados necessários para manter em equilíbrio a participação dos detentores dos recursos de que necessita para atender seus objetivos.

1.2 A Organização Como Sistema – Características

Inicialmente é necessário entender que a organização constitui entidade viva de complexidade sistêmica maior que a do homem que a compõe. Nesse sentido, uma vez criada, a organização desenvolve um instinto de conservação que coloca sua sobrevivência como objetivo fundamental de seu desempenho. O fato de empresas ou instituições de natureza variada deixarem de existir, tanto quanto os demais seres vivos de complexidade inferior morrem, não invalida a afirmação, apenas ressalta a necessidade do cuidado gerencial para que isso não ocorra.

Característica da maior complexidade do sistema organizacional é o fato de, ao contrário dos demais seres vivos, não possuir um ciclo vital previsível, uma vez que seus elementos constitutivos – as pessoas que dele participam – podem ser substituídos a qualquer momento que se julgue necessário ao seu desempenho, garantindo-lhe, assim, uma permanência indefinida. A Igreja Católica, como organização, existe há 2000 anos, e nada indica que esteja em via de morrer. Da mesma forma, várias são as empresas centenárias que permanecem crescendo, para tanto reformulando seus objetivos operacionais, substituindo seus quadros, buscando novas associações e oportunidades de negócios.

Na realidade, essa mobilidade dos participantes proporciona à organização não apenas sua permanência temporal pela manutenção dos agentes necessários, mas não individualizados, ao desempenho de sua função na sociedade. Possibilita, ainda, uma permanente atualização de sua estrutura funcional às novas demandas ambientais. Na verdade, ao incorporar novos participantes, a organização vai buscá-los no ambiente social externo, absorvendo novas idéias e habilidades sobre o como e o que fazer, ampliando sua interação com a sociedade cujas necessidades deve atender como condição para a sua própria sobrevivência.

Essa característica, própria dos sistemas abertos, torna a organização potencialmente apta a atender às demandas sociais por tempo indeterminado, mesmo quando, para tanto, necessite alterar seus objetivos, adaptando-os às mudanças da demanda, pela incorporação de novos produtos ou eliminação daqueles que já não correspondam aos anseios da parcela da sociedade constituída pela sua clientela. Conforme veremos mais adiante, o cliente, também participante da organização, possui a mesma mobilidade dos demais participantes. Daí por que a organização precisa se preocupar com seu atendimento não apenas no que diz respeito à manutenção do universo já conquistado, mas principalmente à conquista daquela parcela de consumidores potenciais ainda não incorporados à demanda de seus produtos atuais ou futuros.

O surgimento da televisão pareceu um golpe de morte para os estúdios cinematográficos, quando na realidade alargou o seu mercado. A concepção de que os filmes exibidos nos cinemas perderiam mercado, em função dos programas a serem assistidos no conforto residencial, não considerava a flexibilidade necessária na conceituação do produto organizacional, limitando-o a uma única forma de atendimento à clientela, através das salas de projeção. Na realidade, a televisão ampliou o mercado de produção cinematográfica pela necessidade da realização de filmes a serem veiculados pelo novo meio de comunicação durante todo o seu horário de funcionamento e sem a possibilidade de repeti-los indefinidamente. Isso sem considerar que a operação de canais de televisão se apresentava também como um novo negócio a ser explorado pelas próprias empresas cinematográficas, cujo produto não deveria ser conceituado em como produzir filmes, mas proporcionar diversão, como forma de garantir-lhes a sobrevivência, através da revisão ampliada do conceito de sua clientela.

Da mesma forma, o surgimento da aviação poderia ter condenado o transporte marítimo de passageiros à extinção e as empresas que o exploravam à falência. Identificou-se, entretanto, a oportunidade da utilização dos navios não apenas como um meio de deslocamento de pessoas entre duas cidades – necessidade agora mais rapidamente atendida pela aviação –, mas, através dos cruzeiros turísticos, como um destino de lazer em si mesmo. As embarcações transformam-se, então, em grandes centros de diversão, onde a simples permanência em seu interior já é um forte atrativo para uma clientela crescente, constituindo os roteiros em um detalhe a mais na gama de serviços prestados pelas companhias marítimas. Mais uma vez a revisão do conceito da clientela permitiu a sobrevivência e expansão do transporte marítimo de passageiros – atividade aparentemente fadada ao desaparecimento – pela evolução tecnológica dos meios de transporte.

Algumas conclusões podem ser tiradas a essa altura:
- *as organizações constituem sistemas abertos e, como tais, intensamente interativos com o ambiente sobre o qual atuam;*
- *as organizações não possuem elementos constitutivos fixos, uma vez que as pessoas que as integram são, conceitualmente, dotadas de mobilidade;*
- *essa mobilidade permite, sem maiores traumas para o desempenho das organizações, a expulsão dos participantes que deixarem de atuar segundo um nível satisfatório de desempenho e a incorporação de novos integrantes cuja contribuição participativa seja percebida como necessária à sua sobrevivência. Por outro lado, inexiste nas organizações a figura do participante imprescindível. Quando tal ocorre, é um grave sintoma de doença do sistema;*
- *as organizações não possuem objetivos operacionais permanentes. Seu principal objetivo primário é continuar a existir através do atendimento de necessidades identificadas na sociedade;*
- *por todas essas razões, o ciclo vital das organizações é indeterminado, e sua longevidade dependerá fundamentalmente da capacidade de se adaptar às novas exigências sociais, através do atendimento e da ampliação da sua clientela.*

1.3 Os Participantes do Sistema Organizacional

Ao atrair pessoas para participar de seu funcionamento, a organização define papéis que as mesmas deverão representar, adequando suas habilidades e formas de desempenho pessoal ao comportamento requerido para a obtenção dos objetivos desejados. Na verdade, esses papéis se complementam, e o melhor ou o pior desempenho organizacional vai depender da forma como sejam definidos e compreendidos pelos participantes e como estejam interligados entre si e com os resultados perseguidos. Dessa forma, a organização se constitui num conjunto de papéis interligados por um sistema de comunicações e voltado para a realização de metas preestabelecidas.

É possível identificar quatro grandes grupos de participantes em função da natureza dos recursos que cada um deles detém e incorpora como contribuição à organização, conforme veremos a seguir.

Para funcionar e sobreviver, a organização necessita absorver recursos essenciais ao processamento do produto que objetiva oferecer à sociedade e à garantia de sua sobrevivência, tais como:

- *capital;*
- *trabalho;*
- *insumos.*

Esses recursos encontram-se disponíveis na sociedade para serem utilizados por uma organização, à medida que seus detentores se motivem a dela participar. O que faria, então, uma pessoa se integrar a uma determinada organização incorporando-lhe os recursos que possui? Considerando-se a existência de uma unidade de valor capaz de mensurar a utilidade desses recursos, poder-se-ia dizer que as pessoas teriam possibilidade de se motivar a contribuir com uma determinada organização, à medida que se sentissem compensadas em termos de retribuição em unidades de valor, pelo que estivessem a ela incorporando. Em termos absolutos, isso pode ser entendido como o desejo de as pessoas retirarem mais unidades de valor das organizações do que o montante que a elas incorporam pelas suas participações, o que seria amplamente compensador para os detentores dos recursos demandados. Evidentemente que, considerado esse extremo, nenhuma organização sobreviveria, ou sequer existiria, uma vez que estaria distribuindo entre seus participantes mais unidades de valor do que absorvendo de suas participações. A solução para o impasse é oferecida pelo mercado de recursos, fazendo com que seus detentores busquem apenas a melhor retribuição possível, na forma como eles a percebem, dentro das alternativas propiciadas pelo mercado, para se incorporarem a uma determinada organização.

Pode-se agora identificar as três primeiras categorias de participantes, detentoras, respectivamente, dos recursos anteriormente identificados. Convém considerar a essa altura que o termo **insumo** está sendo aqui utilizado fora de sua acepção tradicional, significando todo e qualquer bem que, se incorporando ou não ao produto final, tenha sua utilização necessária ao funcionamento do processo produtivo. Assim, integram esse conceito, além dos produtos intermediários, as matérias-primas, máquinas e equipamentos, entre outros. As categorias de participantes correspondentes aos recursos de capital, trabalho e insumos são, respectivamente:

- *investidores;*
- *trabalhadores;*
- *fornecedores.*

A atração e manutenção desses participantes, detentores de recursos, tornam necessária a identificação do tipo de retribuição – que alguns autores chamam de alicientes – motivadora da participação de cada uma dessas categorias nas organizações.

A categoria dos investidores sente-se atraída para qualquer negócio em função do equilíbrio entre a rentabilidade, a liquidez e a segurança que o investimento possa lhe proporcionar. Em alguns casos, principalmente nas empresas menores de natureza familiar, outros alicientes, tais como a tradição da família no negócio, o apego emocional de não deixar *afundar o barco*, a crença na possibilidade de reverter uma tendência negativa considerada conjuntural, ou mesmo a inexistência de alternativa percebida, podem motivar a permanência do investidor em um negócio, mesmo quando os conceitos tradicionais de resultado do investimento não estejam sendo atendidos pelo seu desempenho.

Pode-se considerar como rentabilidade o resultado financeiro do investimento, em termos dos dividendos ou retribuição auferidos pelo investidor da aplicação de seus recursos em uma determinada empresa ou negócio. A liquidez diz respeito à possibilidade de recuperação dos recursos investidos, pela comercialização dos títulos que os representem no momento em que desejar o investidor. Finalmente, a segurança do empreendimento a que o investidor aporta o capital é de fundamental importância pela certeza de que, mesmo quando a rentabilidade ou a liquidez forem inferiores, o seu capital não se encontra associado a um empreendimento meramente especulativo, o que reduz o risco de um possível prejuízo pela perda dos valores investidos.

Com relação à participação do trabalhador numa organização, é comum relacionar-se de imediato o salário como principal retribuição. É necessário que se entenda que não apenas as categorias mais simples, normalmente situadas na base da escala hierárquica – serventes, contínuos, auxiliares de escritório, operários, etc. –, participam da organização contribuindo com o trabalho. Também o fazem os técnicos altamente especializados, os chefes intermediários e os diretores até o nível mais elevado de presidente. Eventualmente, esses diretores poderão acumular, com a participação pelo trabalho, a condição de investidores, o que usualmente acontece nas empresas de menor porte e de base familiar, provocando uma certa confusão entre o desempenho dos papéis de dirigente e de investidor. Evidente que o salário desempenha papel fundamental como elemento motivador da participação do trabalhador. Outros alicientes, no entanto, podem influenciar decisivamente essa participação em função do estágio em que se encontre o trabalhador na escala de satisfação de suas necessidades. Já em 1943, Maslow colocou que a satisfação das necessidades do indivíduo atende a uma hierarquia que se desloca das necessidades consideradas inferiores para as superiores obedecendo à seguinte seqüência (Maslow apud Park, 1997):

- *necessidades fisiológicas; por exemplo: fome e sede;*
- *necessidade de segurança; por exemplo: segurança e ordem;*
- *necessidade de participação e de amor; exemplo: afeição, identificação;*
- *necessidade de estima; por exemplo: prestígio, êxito, auto-respeito;*
- *necessidade de auto-realização; por exemplo: o desejo de auto-satisfação.*

Segundo Maslow, após a satisfação de uma necessidade inferior, o indivíduo passa a perceber a seguinte de forma mais intensa, que afetará no que diz respeito à sua participação em uma determinada organização e à natureza dos alicientes que perceberá como necessários e suficientes para atender às demandas que motivem sua incorporação e permanência nela.

Evidentemente que o nível de atendimento a cada uma dessas necessidades varia de indivíduo a indivíduo. Muitos, atendidas as necessidades fisiológicas básicas, garantidoras de sua sobrevivência física, sentem de forma mais intensa necessidades superiores que, atendidas convenientemente, poderão justificar sua participação e permanência em uma organização. O que fica claro é que não apenas o salário é a retribuição suficiente para proporcionar a saudável integração do participante trabalhador na organização. O ambiente de trabalho, a estabilidade percebida do emprego, a qualidade do convívio social proporcionado, o reconhecimento que é dispensado à sua participação pela organização e a possibilidade de se realizar profissional e humanamente são fortes alicientes motivadores não só da manutenção do homem no trabalho, como da qualidade de seu desempenho. Convém salientar que a participação do trabalhador, pela sua integração pessoal no processo produtivo, no qual passa a maior parte de sua existência cotidiana, é muito mais intensa e global que a dos demais participantes identificados – investidor e fornecedor – cuja participação é muito mais fruto do resultado de uma atividade desenvolvida, pessoalmente ou não, em ambiente diverso e que passa a incorporar, posteriormente, uma determinada organização. Mesmo na hipótese do investidor dirigente, a vinculação pessoal e possivelmente emocional com a organização decorrerá muito mais de sua participação como trabalhador do que da condição de aplicador de capital.

Frederick Herzberg identificou fatores motivadores e fatores higiênicos que podem influenciar o comportamento humano nas organizações (Herzberg *apud* Park, 1997). Os primeiros, de caráter positivo (reconhecimento do trabalho, possibilidade de progresso, aceitação da criatividade, etc.), elevam o nível de desempenho das pessoas; os segundos, quando atendidos, correspondendo ao mínimo esperado pelo trabalhador em sua relação com a organização (salário, bom relacionamento, segurança, etc.), evitam a queda de motivação no desempenho das tarefas que lhe são atribuídas.

É possível comparar as duas formulações pela proximidade conteudística e pela relação direta que apresentam. Podem ser consideradas complementares e explicativas uma da outra, emprestando completude aos seus significados (Figura 1).

O fornecedor, participando da organização através dos produtos que comercializa, terá como elementos motivadores, fundamentalmente, a melhor condição de preço que possa obter para a sua mercadoria e a capacidade de pagamento tempestiva que lhe seja garantida. Algumas considerações podem ser acrescidas nesse caso, no que diz respeito ao fornecimento para organizações tradicionais pela qualidade e prestígio de seus produtos. A associação dos produtos de um fornecedor àqueles de maior tradição e conceito que passarão a integrar pode ser utilizada como elemento de *marketing*, justificando, algumas vezes, a aceitação de um preço menor, como forma de garantir um alargamento de mercado graças a essa vinculação, que lhe pode valer como um certificado de qualidade para atrair novas vendas. Fornecer parafusos ou tecidos a marcas renomadas, como Rolls Royce, BMW ou Mercedes Benz, certamente posiciona bem no mercado o conceito de qualidade dos produtos de quem os faz.

Figura 1 – Comparativo entre as Posições de A. Maslow e F. Herzberg com Relação aos Elementos Motivadores do Comportamento Humano nas Organizações

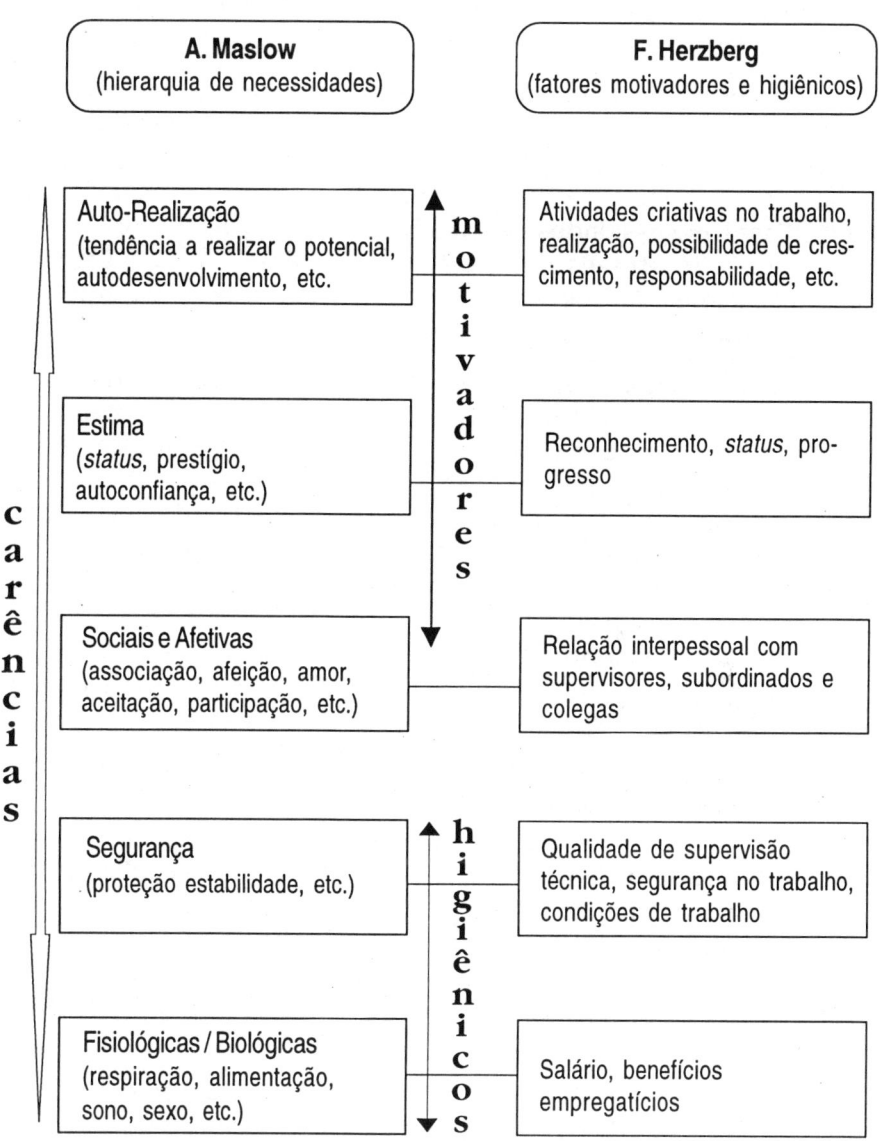

Fonte: Adaptado a partir de PARK, Kil Hiang. *Introdução ao estudo da Administração*. São Paulo:Pioneira, 1997.

Conhecidas as três categorias de participantes que ingressam na organização com os recursos que se incorporam ao seu produto, resta identificar a quarta categoria de participante, e razão de ser do próprio funcionamento organizacional: sua excelência, o cliente.

Conforme foi visto anteriormente, as organizações, independentemente de sua natureza pública, privada ou não-lucrativa, existem para atender parcelas das necessidades sociais que não podem ser convenientemente atendidas pela ação isolada do homem. Essas necessidades se manifestam em relação a determinada organização através das pessoas que passam a constituir sua clientela, à medida que adquirem o produto – bem ou serviço – colocado à disposição da sociedade.

O cliente é, pois, a própria razão de existir da organização que perde sua finalidade no momento em que seu produto não encontra quem o deseje ou necessite adquiri-lo. Ressalte-se que as unidades de valor necessárias à própria sobrevivência organizacional, compondo as retribuições – alicientes – aos demais participantes pelos recursos que aportam ao processo produtivo, são obtidas pela organização unicamente através da participação desse mesmo cliente. Essa importância do cliente parece, à primeira vista, bastante evidente. Na realidade, na operação diária das organizações, nem sempre o é, conforme pode se ver mais adiante ao se tratar especificamente da qualidade na gestão.

Apenas para exemplificar, tive a oportunidade de uma vez, ao ser convidado para proferir palestra numa instituição universitária, ouvir de seu coordenador acadêmico que tudo naquela organização funcionava perfeitamente, mas seu grande problema eram os alunos. Fiquei pensando como seria aquela instituição de ensino sem alunos e não consegui definir um modelo de funcionamento. É preciso que as organizações e seus participantes se conscientizem de que o cliente nunca é problema, mas permanentemente solução para a sobrevivência organizacional.

Atrair o cliente e mantê-lo na organização decorrem de pelo menos quatro elementos fundamentais, correspondentes, respectivamente, às estratégias empresariais que enfatizam seu desempenho na conquista desse participante, conforme coloca Christian Grönroos (1995) em seu livro traduzido para o português sob o título *Marketing, gerenciamento e serviços*. São eles:

- *a qualidade técnica;*
- *o preço;*
- *a imagem;*
- *o serviço.*

A qualidade técnica diz respeito à própria natureza do produto oferecido pela organização e seus atributos reconhecidos. Cada vez mais, marcas diversas de produtos de mesma utilidade aproximam seus padrões de qualidade técnica, tornando difícil ao consumidor identificar elementos diferenciais que possam torná-los distintos no atendimento das necessidades a que se destinam, o que transfere o critério de escolha para outras características da relação entre o cliente e a empresa vendedora.

Muitas vezes as características de um produto, em determinado momento, fazem a clientela associá-lo a uma marca dominante ou pioneira, como Gillete para lâmina de barbear, Xerox para cópias de documentos, IBM para computadores, BIC para caneta descartável, entre tantos outros exemplos possíveis. Esse reconhecimento da qualidade do produto é de fundamental importância na captação da clientela, ainda que possa se transformar em sério risco para a empresa que a detém pela consideração de ter se tornado imbatível no mercado, fechando os olhos para a evolução da sociedade e para o desenvolvimento das ações concorrenciais.

O preço, muitas vezes, é o elemento definidor da participação do cliente, principalmente se ele se encontra na fase de atendimento das necessidades inferiores postas por Maslow (ver Figura 1). Contudo esse preço normalmente é confrontado com os demais itens oferecidos: a qualidade técnica reconhecida, a imagem da organização que oferece o produto e o próprio serviço de atendimento. O cliente, cada vez mais esclarecido, busca aquele produto que apresenta uma melhor vantagem em todos os sentidos por um preço compatível com o mercado e com a sua capacidade aquisitiva.

A imagem de uma organização ou de um produto, construída frente ao mercado potencial através do próprio desempenho, das informações correntes na comunidade e das campanhas publicitárias, contribue grandemente para a ampliação da clientela. Mas é no campo dos serviços, do atendimento individualizado a essa clientela, que se trava contemporaneamente a grande batalha na disputa do cliente. Não é à toa que Lee Iacocca, citado por Grönroos (1995), afirmava já em 1988:

"Uma empresa com o melhor sistema de distribuição e o melhor serviço ganhará todas as jogadas, porque você não consegue manter uma vantagem em outras áreas por muito tempo."

Na verdade não adianta oferecer um automóvel, tecnicamente de nível superior, a um preço competitivo, se o atendimento para a sua aquisição ou o serviço de manutenção posterior não atenderem às expectativas da clientela.

Em suma, os itens relacionados como importantes na captação e manutenção da clientela podem ser resumidos na velha fórmula da análise do custo *versus* benefício, só que contemporaneamente esse custo vai além de seu preço financeiro de aquisição, e os benefícios que se esperam de sua obtenção vão muito mais longe que a simples compatibilidade do produto adquirido com a utilidade dele esperada. Tal exigência torna-se ainda muito mais intensa quando se trata da aquisição de um serviço.

Podemos agora montar um quadro demonstrativo das categorias de participantes necessários a uma organização, com suas respectivas participações e alicientes correspondentes motivadores dessas participações:

Quadro 1 – Visão da Organização Segundo a Inter-Relação Participante, Elementos de Participação e Alicientes

PARTICIPANTE	PARTICIPAÇÃO	ALICIENTE
Investidor	Capital	Rentabilidade Liquidez Segurança
Fornecedor	Matérias-primas Insumos Máquinas, equipamentos, etc.	Capacidade de pagamento Prestígio da marca do cliente
Trabalhador	Trabalho	Salário Ambiente de trabalho (físico e social) Auto-Realização pessoal e profissional
Cliente	Aquisição do produto (bem ou serviço)	Natureza do produto Preço Imagem Qualidade do atendimento (serviços)

1.4 A Voluntariedade e o Antagonismo na Participação

Dentre os integrantes do sistema organizacional, o trabalhador, em todos os seus níveis, desde o dirigente máximo ao simples mensageiro, é o que mais de perto se vincula à natureza do produto, tendo a responsabilidade de transformar os demais recursos no bem ou serviço que atenderá às necessidades do cliente, com o qual interage mais intensamente que qualquer outro participante. Por isso mesmo, torna-se necessário não apenas atraí-lo e mantê-lo na organização, mas sobretudo garantir um elevado nível de voluntariedade na sua participação, pois seu desempenho diário poderá facilitar ou comprometer a consecução dos objetivos perseguidos pela empresa e até mesmo a própria manutenção da clientela.

Já foram discutidas as razões que levam o trabalhador a participar de uma determinada organização e que, tanto quanto para os demais participantes, têm íntima relação com o atendimento de seus objetivos pessoais proporcionado por essa participação. Dificilmente um trabalhador participará de uma organização por ter seus objetivos pessoais coincidentes com os objetivos organizacionais. Mesmo quando essa coincidência possa parecer evidente, as diferenças existirão. Suponha-se a participação de um cientista em uma organização de pesquisa científica cujo objetivo seja desenvolver um produto objeto do interesse do pesquisador. Mesmo aí as razões que levam, respectivamente, a organização e o trabalhador cientista a perseguirem o mesmo objetivo podem ter motivações diferentes. Para o pesquisador, atendidas suas necessidades inferiores, a principal motivação poderá ser a satisfação de obter o reconhecimento de sua capacidade técnica pela comprovação de suas habilidades de trabalho. A organização, por outro lado, poderá ter como móvel de sua ação a obtenção do lucro que advirá da exploração posterior do produto desenvolvido ou mesmo o atendimento de uma necessidade social específica.

Existirá sempre, em graus diferentes, um conflito entre os objetivos organizacionais e as motivações dos participantes para desenvolverem o produto da instituição a que se vinculam. Esse conflito se manifesta através do grau de antagonismo existente entre o papel a ser desempenhado e a personalidade do participante, entre as expectativas de recompensas a serem obtidas e as efetivamente auferidas. Pode se dizer que o comportamento do trabalhador na organização possui um componente de antagonismo, na medida em que existirão sempre conflitos entre ele e a instituição, e um componente de voluntariedade, na medida em que os conflitos sejam superados ou reduzidos, proporcionando o aumento das identidades entre os objetivos individuais e os perseguidos pela instituição.

O comportamento do homem se deslocará permanentemente e em duplo sentido ao longo de um contínuo, no qual estará de um lado a postura mais voluntária e do outro lado o maior antagonismo. O deslocamento ao longo desse contínuo, no sentido da voluntariedade, decorrerá da natureza dos alicientes utilizados pela organização e da sua conformidade com as expectativas do participante. O antagonismo intenso levará, irremediavelmente, à expulsão do participante pelo ambiente, independentemente de a iniciativa dessa retirada ser do próprio participante ou do sistema que já não mais o suporta.

Figura 2 – O Comportamento do Homem na Organização

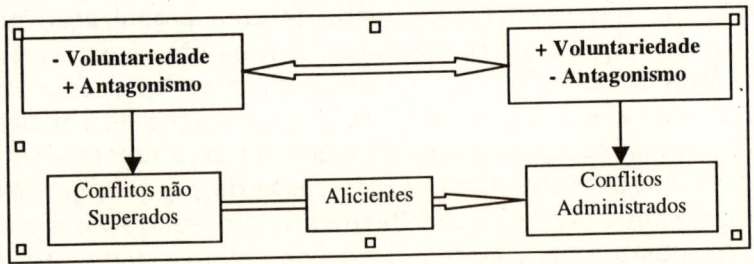

As organizações devem procurar aumentar, cada vez mais, o nível de voluntariedade de seus participantes, notadamente os trabalhadores, pois dessa forma se garantirá seu maior engajamento com os objetivos organizacionais, elevando-se o moral do grupo e ampliando-se a disponibilidade pessoal para um desempenho de que resulte uma melhoria permanente do produto – bem ou serviço – e principalmente um melhor atendimento à clientela. Só então será possível uma maior delegação de autoridade e conseqüente assunção de responsabilidade da parte de quem as recebe, pela consciência dos escalões superiores que em nível operacional ou de atendimento à clientela, as decisões, mesmo as não programadas que não possam cobrir todas as situações possíveis, estarão voltadas para a consecução dos objetivos organizacionais e satisfação da clientela. Para tanto torna-se necessário não apenas o preenchimento das necessidades do participante, razão de seu ingresso e permanência na organização, mas também a sua compreensão clara dos objetivos e da cultura organizacionais.

Certa ocasião, estando em um hotel da cidade norte-americana de Miami, presenciei um fato ilustrativo dessa capacidade, ou incapacidade decisória, por parte do pessoal de linha no atendimento à clientela. A funcionária responsável pela recepção do hotel, atendia a um novo hóspede que, chegando com seus familiares, possuía reserva para dois apartamentos durante uma semana, reserva esta efetuada através de uma operadora turística e pré-paga integralmente. Consultado o computador, verificou a recepcionista que o período de reserva do cliente começara no dia anterior. Como ele não comparecera tempestivamente, segundo uma norma internacional da hotelaria, se configurava o *no show*, com o cancelamento da reserva e cobrança pelo hotel da primeira noite em que o quarto permaneceu desocupado à disposição do hóspede que não chegou. Programado para tanto, o computador registrou a ausência do cliente, cancelou sua reserva e debitou a primeira noite para a operadora responsável pela reserva.

Todos os argumentos desfiados pelo cidadão que perdera sua hospedagem, no sentido de ser acomodado pelo hotel, não sensibilizaram a diligente recepcionista, vinculada que estava ao cumprimento da norma existente na máquina, que passara de instrumento a senhora da situação. Até que o carregador de malas, não possuindo nenhum computador que programasse suas decisões, interveio na discussão e argumentou que o hotel estava vazio e que o melhor seria a recepcionista permitir a entrada do cliente, honrando sua reserva, ainda que ele perdesse a noite em que não compareceu.

De uma só vez o hotel, que apresentava naquele momento uma baixa ocupação, não perderia uma semana de utilização remunerada de dois apartamentos e, principalmente, o cliente seria atendido, evitando-lhe o aborrecimento de ter de procurar outro hotel, pagar sua hospedagem e só no retorno demandar, junto à operadora responsável pela reserva, a restituição de parte do pagamento que lhe era devida. Solução de logo aceita pela família que aparentava cansaço por uma noite de viagem mal dormida. Com alguma relutância, a funcionária cedeu em consultar um de seus superiores sobre o atendimento, tendo sido autorizada a assim proceder. O cliente, apesar de atendido, evidentemente ficou insatisfeito com o incidente que lhe custou cerca de uma hora, além da ansiedade e frustração proporcionadas pela forma como o assunto fora encaminhado.

Observe-se que, neste caso, a recepcionista, ainda que talvez satisfeita pelo hotel nos alicientes necessários à sua permanência na organização, não possuía uma clara visão dos objetivos organizacionais e da importância do atendimento e manutenção de um cliente, considerando cumprida sua obrigação pela obediência às normas gerais ditadas pela administração do estabelecimento. O bagageiro, não programado para o desempenho do trabalho de recepcionista, percebeu mais rapidamente o absurdo da situação e demonstrou uma visão mais ampla dos objetivos organizacionais e da importância do cliente para o hotel.

Esse exemplo, ainda que seja difícil identificar se o problema decorreu apenas do desempenho insatisfatório da recepcionista ou de uma cultura organizacional inadequada, demonstra claramente a necessidade da obtenção pelas organizações de uma maior voluntariedade na participação de seus colaboradores, principalmente pela compreensão clara dos objetivos organizacionais e da importância do cliente para a empresa. Evidentemente, se a cultura organizacional e seus objetivos estiverem mal formulados, a maior integração do funcionário levará a uma atuação tendente à perda de espaço no ambiente concorrencial.

Diferentemente foi o caso de um extravio de encomenda postada através do sistema *hora certa* de uma companhia aérea no Brasil, em que o atendente do setor de cargas, no destino da mercadoria, tomou a iniciativa, em período de final de semana, de mobilizar as demais ba-

ses da empresa que poderiam estar envolvidas com seu extravio, localizá-la, resgatá-la e fazê-la chegar no dia seguinte diretamente na residência do cliente, mantendo-o durante todo o período permanentemente informado, via telefone, do andamento das providências.

Duas observações merecem ser enfatizadas a essa altura:
- *a maior voluntariedade na participação do trabalhador só será obtida à medida que considere suas necessidades satisfatoriamente atendidas pela organização e tenha uma clara visão e aceitação das expectativas de comportamento demandado para o seu desempenho funcional;*
- *essa voluntariedade na participação, correspondendo a uma fidelidade e integração aos objetivos e à cultura organizacionais, poderá ser altamente funcional. Mas somente o será, em termos de desempenho da organização, à medida que essa eleja efetivamente a qualidade de seu produto e o bom atendimento à clientela, como metas a serem permanentemente perseguidas.*

1.5 Os Conflitos na Organização

Evidentemente que conflitos existem permanentemente como fruto da participação do homem na organização, a qual, constituindo-se em uma entidade artificialmente criada em função do atendimento a determinadas necessidades da comunidade, procura amoldar o desempenho de seus participantes a papéis específicos voltados à consecução de objetivos diversos daqueles por ele perseguidos. À medida que esses conflitos sejam superados ou administrados convenientemente, os antagonismos serão reduzidos, e a voluntariedade no desempenho dos participantes aumentará.

Quatro grupos de conflitos, pelo menos, podem ser identificados:
- *conflitos de participação;*
- *conflitos de papel;*
- *conflitos substantivos;*
- *conflitos de comunicação.*

O **conflito de participação** diz respeito à própria repartição do bolo decorrente do desempenho organizacional, ou seja, surge da disputa pela apropriação dos resultados obtidos em função da ação organizacional. A percepção comum, que já começa a ser superada, é que o maior ganho de qualquer das categorias de participantes – investidores, trabalhadores, clientes e fornecedores – decorre de perdas para as demais na repartição dos alicientes. Assim, se os investidores possuem lucros avantajados, terá sido em detrimento da remuneração dos trabalhadores, do comprometimento da qualidade do produto ou do arroxo na negociação com os fornecedores.

Essa disputa por uma maior participação nos resultados levou, historicamente, a sérios conflitos entre as diversas categorias de participantes, influenciando, até mesmo, a formulação de modelos diferentes de organização social de países soberanos. Em todas essas sociedades, sempre que permitido pelos aparelhos repressivos responsáveis pela manutenção da paz social e do *status quo* definido pelas elites dirigentes, os conflitos de interesse afloraram, notadamente nas democracias fundadas na livre iniciativa da atividade econômica. Mesmo aí, entretanto, a evolução e o amadurecimento das relações entre participantes deixaram claras, de forma mais ou menos intensa em função do estágio de desenvolvimento social que atravessa cada comunidade, algumas verdades fundamentais relativas à administração e solução desses conflitos:

- *o mercado e a negociação definirão os níveis de apropriação de resultados por cada categoria de participante;*
- *o cliente é a razão de ser da unidade produtiva, pelo que qualquer arranjo que comprometa seu atendimento certamente redundará em prejuízo para todos os demais participantes e para a própria sobrevivência organizacional, desde que fundamentada na livre concorrência;*
- *a organização é uma entidade específica, diversa da individualidade de seus participantes. Essa compreensão leva a que os conflitos entre trabalhadores e investidores, historicamente mais comuns, deixem de se transformar em ações contra a organização – manifestada através de quebra de equipamentos, sabotagem na qualidade dos produtos, destruição de estoques, etc. que, em benefício de todos, precisa ser preservada*

para permitir a continuidade de sua operação lucrativa uma vez resolvido um conflito conjuntural. Em alguns países como o Japão, por exemplo, até as paralisações da produção são muitas vezes evitadas, mesmo nos momentos de greve, como forma de impedir a perda de espaço no mercado, em benefício dos concorrentes. Da mesma forma os participantes começam a entender seus pontos de convergência na busca de melhores condições empresariais competitivas na disputa dos mercados nacionais e internacionais. São comuns os exemplos de trabalhadores e empresários lutando conjuntamente pela manutenção ou extinção de reservas de mercado, de acordo com a conveniência das empresas de que participam.

O **conflito de papel** decorre da inadequação do homem, pelas características de sua personalidade, ao papel que lhe é reservado na organização. Imagine-se um líder estudantil que, precisando trabalhar, ocupe uma função rotineira e repetitiva onde não possa dar vazão à sua capacidade criativa ou, inversamente, uma pessoa tímida e introvertida lançada numa função de vendas ou relações públicas. Essa manifestação do conflito entre o ator e o papel é comumente minimizada, no processo de seleção, procurando-se escolher adequadamente o homem para a função, através da utilização dos recursos disponíveis no campo da Psicologia. Muitas vezes, o conflito se manifesta pelo desconhecimento, por parte do participante, do conteúdo do papel que lhe é reservado. A falta de informação sobre esse papel muitas vezes compromete o desempenho e sacrifica aquele que poderia ser um excelente colaborador em função da cobrança de um comportamento que desconhecia ser dele esperado. Cada vez mais, as organizações procuram, através de programas de capacitação e treinamento, reduzir não só o desconhecimento do conteúdo do papel pelo protagonista, como capacitá-lo a um melhor desempenho pelo domínio de técnicas próprias atinentes à sua função.

O **conflito substantivo** decorre de divergências no conteúdo de decisões a serem tomadas, podendo ser altamente criativo para a organização à medida que permite e estimula o contraditório e energiza o sistema no sentido de liberar a mudança. Curiosamente, dois exemplos diametralmente opostos de sucesso costumam ser narrados na gestão do conflito substantivo. Alfred Sloan, conhecido pelo seu sucesso à frente da General Motors, ao colocar um assunto para decisão pela sua diretoria, costumava suspender a reunião se não houvesse opiniões discordantes, até que alguém apresentasse razões conflituosas que permitissem a melhoria do tema proposto. Tal comportamento se respalda no princípio de que o dirigente deve querer a prevalência da melhor decisão, mesmo que não corresponda ao seu ponto de vista original. Por outro lado, a conhecida paixão de Henri Ford pelos carros pretos não permitia que a mudança de cores fosse colocada em discussão. Conta-se, que certa vez, sob pressão de seus diretores, Ford, ao cumprir o temário de uma reunião, concluiu-a afirmando que iria se retirar e que os demais poderiam decidir pelas novas cores dos carros a serem produzidos, desde que fossem pretos.

O estímulo ao desenvolvimento desse tipo de conflito deve ser precedido de uma consciência participativa voltada para os objetivos organizacionais da parte de todos os envolvidos na organização, evitando-se, dessa forma, que subobjetivos sejam desenvolvidos e contemplados na solução das discordâncias porventura existentes. A cultura participativa da organização e o comprometimento dos participantes com seus objetivos ensejarão a solução desses conflitos, integrando-se as contribuições das partes, sem barganha, a partir do referencial do interesse maior da empresa e evitando-se as soluções plebiscitárias que resultam na formação de correntes vencedoras e perdedoras, em detrimento da harmonia necessária ao trabalho em equipe.

Certa ocasião, em Recife, uma empresa de âmbito nacional, especializada em fabricar postes de concreto armado, interessou-se em fabricar, por encomenda, estacas do mesmo material para fundações de edifícios. Apesar da posição contrária dos encarregados da produção, que consideravam a necessidade de um maior tempo de maturação da idéia e preparação do pessoal para o manejo da nova tecnologia que possuía características diferentes do produto historicamente fabricado, a decisão foi implantada. Em seis meses de produção todas as estacas produzidas foram refugadas pelo único cliente, por defeito de fabricação. As peças apresentavam microrrachaduras, não permitindo sua utilização para os fins a que se destinavam. O fracasso levou a ser revista a decisão e suspensa a produção de estacas até ser obtido o consenso entre todos os envolvidos na decisão, o que só veio a ocorrer muito tempo depois.

As vantagens do conflito substantivo serão obtidas a partir da existência de uma cultura organizacional voltada para resultados e pressupõem a solução anterior de possíveis conflitos de papel ou de apropriação de resultados. A maior voluntariedade assim obtida possibilitará à empresa estimular de forma mais intensa o surgimento de conflitos substantivos, originários de discordâncias no conteúdo de decisões a serem tomadas, pela certeza de que, voltadas para o objetivo organizacional, as pessoas nele envolvidas, em todos os escalões hierárquicos, estarão sempre buscando o melhor para a sua consecução. Dessa forma se estará ampliando o leque participativo, possibilitando que os problemas sejam resolvidos onde realmente aparecem e pelas pessoas que estão neles envolvidas diariamente e por isso mesmo mais capacitadas a encontrar soluções. Em Houston, a melhor solução para a definição do *layout* adequado a ser implantado na UTI neurológica do Hospital Metodista foi encontrada graças à participação efetiva do corpo de enfermagem responsável pelos serviços daquela unidade. Dessa forma, foram obtidos resultados operacionais mais satisfatórios para o atendimento dos pacientes e, conseqüentemente, para o desempenho da Instituição.

Finalmente, os **conflitos de comunicação** decorrem do fato de a organização constituir-se em um sistema de comunicações entre papéis previamente definidos. Quando esse sistema não funciona adequadamente, deixando margem a dúvidas na compreensão do conteúdo das decisões, dos objetivos organizacionais ou até mesmo dos papéis a serem desempenhados, conflitos de naturezas diversas afloram e uma rede informal de comunicações começa a suprir as deficiências dos canais oficiais, conduzindo as ações em direção não necessariamente condizentes com os interesses organizacionais. Uma revisão permanente do sistema de comunicações formais da organização e dos códigos utilizados é condição primordial para se evitar o surgimento de problemas dessa natureza. Da mesma forma, o maior envolvimento dos participantes com os objetivos organizacionais poderá conduzir os canais informais de comunicação, sempre existentes em qualquer instituição, a reforçar a rede formal no sentido da consecução dos objetivos perseguidos pela empresa.

1.6 A Organização – Um Sistema de Comunicações

A compreensão da organização, como um sistema de comunicação, exige o conhecimento do funcionamento do próprio processo de transmissão de informações, como forma de racionalizá-lo. Este conhecimento evita conflitos e procura englobar, na consecução dos objetivos organizacionais, os relacionamentos formais e informais que se desenvolvem em seu ambiente.

A comunicação pode ser conceituada como o processo pelo qual alguém – o comunicador – transmite informação selecionada – mensagem – a um destinatário.

No sistema empresarial, via de regra, essa mensagem objetiva influenciar o comportamento do destinatário, o que será comprovado pela sua reação – resposta – após recebê-la.

Nesse processo de comunicação podem ser identificados, pelo menos, cinco elementos fundamentais:
- *a mensagem;*
- *o comunicador;*
- *a transmissão;*
- *o destinatário;*
- *a resposta.*

A **mensagem** representa aquilo que o comunicador deseja que chegue ao conhecimento do destinatário. Obviamente que ela se constitui de informações percebidas ou geradas por quem comunica, não correspondendo necessariamente à realidade que se deseja transmitir em função das limitações do processo de percepção humana. Estas existem em virtude das diferenças individuais que caracterizam a personalidade de cada pessoa e podem afetar o conhecimento, pelo próprio comunicador, do conteúdo integral da mensagem a transmitir.

O **comunicador**, possuidor das informações que deseja transmitir, ao percebê-las, as codifica. O código a ser utilizado deverá representar o objeto que codifica de forma clara e precisa. O uso de código inadequado poderá comprometer de forma irreparável a transmissão que se seguirá. Pode ser citado o exemplo do comunicador que, desejando transmitir uma informação sobre um objeto, resolveu codificá-lo com a palavra *jaú* na certeza de que, dessa forma, facilitaria a compreensão por parte dos destinatários. O resultado foi que a ignorância desses em relação ao código utilizado no sentido pretendido – regionalismo da terra de origem do comunicador – dificultou sobremaneira a percepção dos destinatários que ou desconheciam o código ou o conheciam com significados diversos. Tenho feito em sala de aula uma experiência em que solicito que se relacionem os significados conhecidos para a palavra *jaú* e recebido diversas respostas: andaime de construção civil, peixe, tipo de carrossel infantil entre tantas outras já apresentadas.

A **transmissão** da mensagem deve despertar no comunicador um especial cuidado no código utilizado, de forma que seja compreensível pelo destinatário. O abuso de terminologia técnica poderá dificultar a percepção do conteúdo da mensagem por parte daquele a quem se destina, principalmente quando as palavras utilizadas não correspondem à sua experiência anterior.

Os ruídos constituem outro fator que influencia fortemente a transmissão de uma mensagem. Como tal, entende-se qualquer ocorrência ambiental que interfere na transmissão, comprometendo o grau de compreensão da mensagem pelo seu destinatário. Da mesma forma, a simples entonação da voz pode alterar significativamente o conteúdo da mensagem. Experimente repetir a frase a seguir, numa experiência sugerida pelo prof. Lair Ribeiro (1993), enfatizando a cada vez a(s), palavra(s) destacada(s), e observe como o sentido da afirmativa se altera completamente.

" *Eu não **disse** que ele roubou a carteira.*

*Eu não disse que **ele** roubou a carteira.*

*Eu não disse que ele **roubou** a carteira.*

*Eu não disse que ele roubou **a carteira**.*"

Através da transmissão a mensagem chega ao *destinatário*, todavia não se completa o processo de comunicação. O objetivo desse processo só será atingido à medida que o destinatário efetivamente absorva a informação que o comunicador desejou lhe transmitir. Para que isso ocorra deverão ser superadas as barreiras da percepção daquele a quem a mensagem se destina, o qual, recebendo-a codificada, deverá descodificá-la para conhecer o que ela contém.

A empresa constitui um sistema de comunicações, à medida que seus participantes, constantemente, permutem informações que dinamizem sua estrutura no sentido da realização dos objetivos que persegue.

A estrutura de comunicações formais de um sistema organizacional – seja uma empresa ou outro qualquer – é montada a partir da definição dos diversos papéis que cada um de seus participantes, respectivamente, desempenhará. Conforme já visto, o papel organizacional corresponde ao comportamento que o sistema empresarial espera de seus participantes em determinadas situações. Dessa forma, o sistema empresarial espera que seus participantes interajam da forma estatuída. Todavia essa interação de que resultam as comunicações formais do sistema é prejudicada pelo fato de os postos que correspondem aos papéis estarem ocupados por pessoas dotadas de características individualizantes que correspondem às próprias personalidades e influem no padrão de comunicações estabelecido, dando origem às comunicações informais. Referindo-se ao assunto, Charles Redfield (1966), em seu livro *Comunicações administrativas*, afirma:

"A relação entre as posições A e B não existe independentemente da relação entre José e Gertrudes, e da de ambos com seus outros colegas de escritório."

O esforço dos sistemas organizacionais será sempre no sentido de, ao mesmo tempo, evitar que as características personalísticas interfiram, tais como ruídos, no processo de comunicação formal e procurar englobar as potencialidades que excedam as exigências de cada papel no processo de consecução dos objetivos da organização, evitando o encaminhamento disfuncional das comunicações informais.

No sentido de tornar as comunicações formais mais eficientes, pode-se fazer uma listagem de alguns aspectos que devem ser considerados em relação ao processo:

- *clareza;*
- *coerência;*
- *adequação;*
- *oportunidade;*
- *distribuição;*
- *interesse e aceitação;*
- *essencialidade.*
- **Clareza** – *o comunicador deve procurar dizer sempre o que pensa e da maneira mais simples possível, de forma que cada destinatário possa perceber exatamente o que ele deseja transmitir.*
- **Coerência** – *as mensagens não devem ser contraditórias nem encerrar dubiedades, pois só assim o destinatário poderá realmente perceber o conteúdo que elas encerram e moldar seu comportamento na conformidade da expectativa do sistema empresarial.*
- **Adequação** – *a mensagem transmitida deve ser adequada à capacidade de absorção do destinatário, tanto em volume quanto no que diz respeito ao código utilizado.*
- **Oportunidade** – *a mensagem deve ser transmitida no momento oportuno a que os efeitos desejados pelo comunicador sejam produzidos. O bom comediante é aquele que conhece o momento exato de enfeixar a piada. O bom administrador deve conhecer o momento adequado para transmitir a informação, de forma que o destinatário a receba oportunamente.*
- **Distribuição** – *a mensagem transmitida deve ser distribuída de forma que realmente chegue aos seus destinatários.*
- **Interesse e aceitação** – *a mensagem deve despertar interesse e aceitação por parte dos destinatários, o que só ocorrerá nos sistemas empresariais em função do moral do grupo e da forma como a autoridade seja desempenhada.*
- **Essencialidade** – *o conteúdo da mensagem deve conter, apenas, o volume de informações essenciais à provocação do efeito desejado.*

1.7 A Organização – Um Sistema de Decisões

Ainda sobre o desempenho das pessoas na organização é importante que se entenda que ela funciona como um sistema de decisões onde, por toda sua estrutura, participantes estão permanentemente fazendo opções que orientarão suas ações e influenciarão as ações e decisões dos demais. A grande diferença entre a natureza dessas decisões é o grau do elemento valor que as mesmas possuem. Decisões existem em que o agente decisório possui apenas a competência de escolher entre executar ou não executar determinada ação, cabendo-lhe, no exercício de seu papel, muito pouco arbítrio sobre o caminho a seguir. É o caso do encarregado da limpeza que sabe ser sua obrigação manter limpo o ambiente, varrendo-o em horário preestabelecido ou sempre que estiver sujo. Evidentemente que poderá deixar de fazê-lo. Mas, ao decidir dessa forma, fugirá à sua competência, estabelecerá um conflito de papel e ampliará seu antagonismo com a organização, o que poderá determinar, inclusive, sua expulsão do sistema.

Por outro lado, no outro extremo da competência decisória, o agente que decide tem atribuições para escolher o caminho a seguir a partir das informações que possui e das suas convicções, impregnando sua escolha de valores que considera pertinentes à opção escolhida. É o caso dos dirigentes que estão permanentemente tomando decisões com elevado grau de incerteza na consecução dos resultados pretendidos. A escolha do momento certo de lançar um novo produto, de reformular uma estratégia comercial são decisões, entre tantas outras, nas quais o elemento valor, fruto da avaliação pessoal de quem decide, encontra-se presente com grande intensidade.

As decisões podem ser classificadas, a partir da predominância do elemento subjetivo do valor que possuem, em:
- *decisões valorativas;*
- *decisões fatuais.*

As primeiras, objeto do trabalho dos dirigentes, possuem em seu conteúdo um maior elemento valor e são tomadas normalmente nos escalões superiores da hierarquia organizacional. As decisões fatuais partem de pressupostos estabelecidos, por isso mesmo possuem um menor grau de arbítrio e são tomadas pelos escalões técnicos ou operacionais situados em níveis hierárquicos inferiores.

Figura 3 – O Grau de Arbítrio Segundo a Hierarquia das Decisões Organizacionais

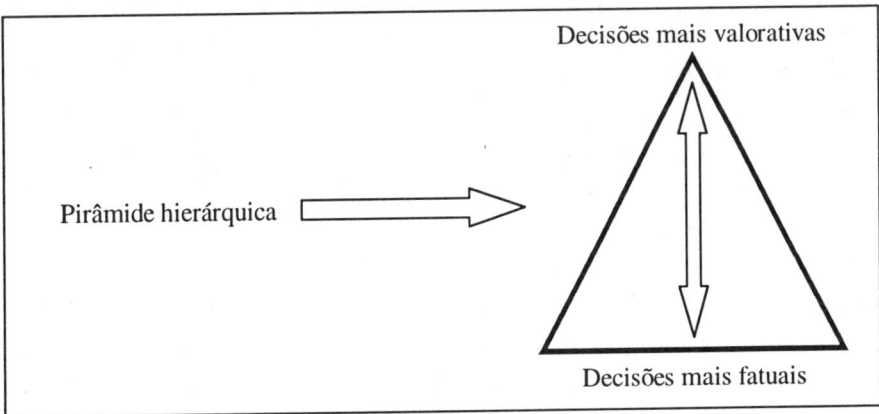

Pode-se dizer, entretanto, que não existe uma dicotomia extrema entre os dois tipos de decisão, mas cada uma possui, em maior ou menor intensidade, o elemento valor e pressupostos fáticos, colocando-se por isso mesmo ao longo de um contínuo por onde se distribuirão em função da variação de intensidade da presença de cada um dos componentes.

Figura 4 – Decisões Quanto à Presença de Elementos Fáticos e Valorativos

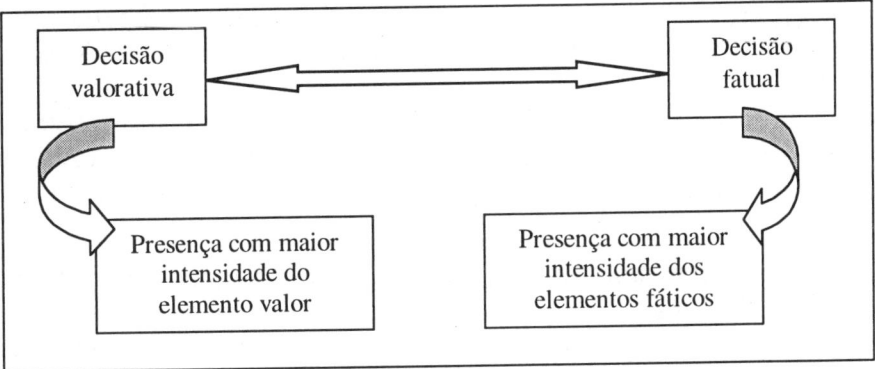

Observe-se que no quadro de incerteza que preside o trabalho gerencial, no que diz respeito aos resultados a serem obtidos pelas opções definidas, o dirigente está sempre tentando reduzir esse grau de incerteza de suas decisões, através de consultas a outras pessoas com experiência no assunto a ser decidido, de realização de pesquisas objetivas e do estudo de casos similares, buscando, dessa forma, tornar mais fatuais decisões que são por natureza valorativas e com isso obter um maior grau de previsibilidade dos resultados a serem obtidos.

Da mesma forma, a decisão técnica, detendo fortemente a presença do elemento fático, possui também em alguma intensidade o elemento valor, à medida que, mesmo submetido às regras técnicas o agente decisório poderá escolher entre alternativas possíveis para uma mesma solução, correndo os riscos da opção.

Comumente se define como decisão fatual aquelas que são tomadas nos escalões inferiores da organização, onde não haveria espaço para o arbítrio como forma de garantir o harmônico funcionamento organizacional. Observe-se que é normalmente nesses escalões que os problemas surgem, uma vez que esses são os que estão em contato direto com o cliente, sendo praticamente impossível preencher normativamente todas as circunstâncias que se apresentam no cotidiano, programando soluções para as diversas situações. Vale lembrar o desempenho da recepcionista do hotel. (Ver relato do caso no item 1.4.)

A ampliação do campo valorativo das decisões tomadas pelos escalões que lidam com o público, estabelecidos parâmetros e níveis de competência, torna-se por isso mesmo necessária, desde que o colaborador esteja adequadamente capacitado para tanto e sinta-se e seja percebido como integrado nos objetivos e na cultura organizacionais. Preparar o ambiente e o pessoal para tanto é a grande responsabilidade dos dirigentes que pretendem destacar suas empresas na qualidade do atendimento à sua clientela.

Uma conhecida cadeia de hotéis norte-americana, por exemplo, reserva uma verba para seus funcionários que poderão despendê-la, a seu critério, no atendimento diferencial ao cliente. Certa ocasião, o porteiro, verificando uma hóspede idosa que diariamente deixava o hotel para fazer o que parecia ser um tratamento de saúde, retornando com ar de cansaço e depressão, resolveu usar essa verba para enviar cotidianamente flores para o seu quarto como forma de reconfortá-la com o gesto de amizade e cortesia. Esse tratamento diferencial, entre tantos outros que se enquadravam na cultura organizacional, fez do hotel destaque em qualidade de serviço nos Estados Unidos.

A importância das decisões valorativas dizem respeito ao fato de que delas decorre a definição das ações que poderão tornar uma empresa líder de seu setor ou determinar-lhe o fracasso, enquanto que as decisões fatuais dizem respeito a aspectos meramente operativos. Não é sem razão que Peter Drucker (1968), na década de sessenta, já ensinava a prevalência para o bom desempenho dos dirigentes, da importância do fazer com que certas coisas sejam feitas (eficácia) sobre o fazer certo as coisas (eficiência).

Na realidade, a medida do sucesso das decisões valorativas é a eficácia, ou seja a obtenção dos resultados pretendidos, enquanto que a medida do sucesso das decisões fatuais é a eficiência, ou sejas a correta e racional utilização dos meios na realização de uma tarefa, tornando-a o mais econômica possível. O melhor desempenho organizacional será obtido à medida que se consiga colocar a eficiência a serviço da eficácia. Outras combinações, entretanto, poderão ser consideradas.

Quadro 2 – Comparativo dos Resultados nas Decisões Valorativas e Fatuais

Decisões valorativas	Decisões fatuais	Resultado
Alta eficácia	alta eficiência	posição ideal
Alta eficácia	baixa eficiência	posição aceitável
Baixa eficácia	alta eficiência	posição desastrosa
Baixa eficácia	baixa eficiência	posição desastrosa

No Quadro 2 a segunda posição torna-se aceitável, à medida que a capacidade decisória manifestada pela alta eficácia obtida tem embutida a potencialidade de eficientizar as decisões fatuais, transformando em ideal uma posição aceitável.

As duas outras posições serão sempre desastrosas, à medida que mesmo uma alta eficiência quando a serviço de decisões ineficazes não levará a resultados desejáveis, pela baixa qualidade das opções responsáveis pela dinamização organizacional. Seria o mesmo que dirigir um automóvel de forma competente por uma estrada que não conduz ao destino desejado.

Elevar a qualidade das decisões valorativas, criando parâmetros que possibilitem a delegação dessa capacidade decisória, de forma a aproximar o momento da solução do ponto de surgimento do problema, conduzirá certamente a organização a maximizar seus recursos. Assim, reduzirá os momentos de conflito entre as expectativas do cliente e as normas impessoais de funcionamento organizacional, posicionando-a convenientemente no mercado concorrencial.

1.8 A Organização – Um Sistema Aberto

Torna-se necessário, ainda, compreender o funcionamento da organização, enquanto sistema aberto, e sua inter-relação com o ambiente sobre o qual atua.

Para processar seu produto, o sistema organizacional necessita buscar no ambiente os recursos necessários para tanto, o que o faz, conforme visto anteriormente, através da atração e manutenção de seus detentores na condição de participantes. Processado o produto – bem ou serviço –, esse é colocado no mercado, cuja reação – positiva ou negativa – se manifesta através do fluxo de retroalimentação que incentivará ou inibirá a ação organizacional.

A organização, enquanto sistema, obedecerá em seu funcionamento ao mecanismo comum a todos os sistemas, possuindo um fluxo de recursos, um mecanismo de processamento, um fluxo de produto e, finalmente, recebendo uma resposta do ambiente, que funciona como retroalimentação à sua ação.

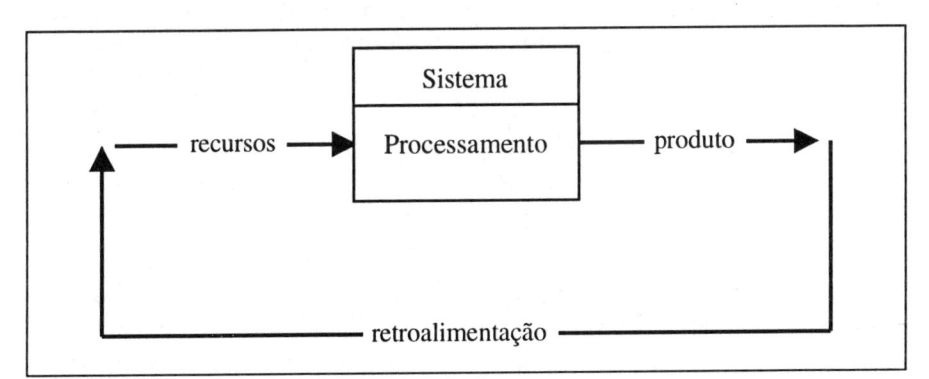

Figura 5 – Esquema de Funcionamento dos Sistemas

```
                    ┌─────────────────┐
                    │     Sistema     │
       ── recursos ─▶│  Processamento  │── produto ──▶
      │             └─────────────────┘              │
      │                                              │
      └──────────────── retroalimentação ────────────┘
```

Ao se discutir o papel do participante na organização, abordamos a natureza dos fluxos de recurso e produto, respectivamente, e a necessidade de o sistema obter uma retroalimentação que lhe estimule a ação pela satisfação de sua clientela.

Torna-se necessário agora abrir o sistema e compreender seu funcionamento. A partir das lições de Katz e Kahn (1970), contidas no livro *Psicologia social das organizações*, pode-se, de forma simplificada, identificar cinco categorias de atividades voltadas a processar o produto organizacional e agrupadas, respectivamente, em subsistemas, a saber:

- *subsistema gerencial;*
- *subsistema de apoio (institucional);*
- *subsistema de produção;*
- *subsistema de manutenção;*
- *subsistema de adaptação.*

- *O **subsistema gerencial**, ponto de legitimação, ativa ou passiva, das ações que se processam na organização, é o responsável pela condução das atividades na instituição, cabendo-lhe a tomada das decisões valorativas que impulsionarão o sistema na busca de seus objetivos.*

- *O **subsistema de apoio** tem o papel institucional de relacionamento com o sistema mais amplo em que atua a organização, podendo suas funções serem absorvidas pelo sistema gerencial, através da ação de seus níveis hierárquicos mais elevados.*

- *O **subsistema de produção** será o responsável pela geração direta do produto organizacional, atendendo às especificações e aos padrões de eficiência necessários para possibilitar uma elevada qualidade por um custo compatível com as exigências do mercado.*
- *O **subsistema de manutenção** tem por função captar no mercado os recursos necessários ao processamento do produto organizacional, atraindo para o sistema os seus detentores e tornando mais voluntária essa participação.*

De alguma forma, ao se discutir as categorias de participantes no sistema organizacional, foram abordadas características do funcionamento desses três subsistemas, não merecendo para os objetivos deste trabalho um maior aprofundamento do assunto.

- *Finalmente, o **subsistema de adaptação** tem por função adaptar a organização às novas necessidades e exigências ambientais, sejam decorrentes das expectativas do mercado, sejam ocasionadas pela ação dos concorrentes ou ainda pelo cumprimento das normas governamentais. Três são, pelo menos, as fontes impulsionadoras da necessidade de adaptação organizacional:*
  - *as exigências do mercado;*
  - *a disputa concorrencial;*
  - *o atendimento às normas governamentais.*

É muito comum afirmar-se que se vive hoje em um mundo em constante mutação. Na realidade, isso sempre ocorreu. Da idade da pedra à era do computador o mundo transformou-se radicalmente, e necessidades, a serem organizacionalmente atendidas, se sofisticaram, surgiram ou deixaram de existir. A grande diferença é o ritmo dessa mudança.

Nossos avós e bisavós, e em menor escala nossos pais, viveram em um mundo relativamente semelhante e estável, onde o tempo não era percebido ainda como o mais escasso dos recursos. Isso já não acontece na relação de vida entre a experiência de nossa geração e a de nossos filhos, onde a transitoriedade, que é a marca da estabilidade, e o ritmo da mudança, acelerado pelo desenvolvimento tecnológico, notadamente no campo das comunicações e do processamento das informações, transformam a dimensão de tempo e pressionam por soluções de um amanhã cada vez mais presente. Os fatos que ocorrem hoje em qualquer parte do mundo a todos afetam imediatamente e em tempo real, e as decisões tomadas neste momento podem se tornar obsoletas no instante seguinte. O mundo diminui de tamanho, e aumentam, em complexidade, as relações entre os que o habitam. A decisão mexicana de alterar sua política cambial em fins de 1994, tanto quanto a queda das bolsas asiáticas em 1997, ou a crise política da Indonésia em 1998, afetou toda a economia mundial, exigindo por toda parte ajustes e providências imediatas; a política industrial dos países asiáticos afeta a produção de produtos concorrenciais nas mais remotas e menores comunidades brasileiras, desacostumadas ainda com esse nível de competitividade. Produtos são lançados simultaneamente por todo o mundo; serviços são padronizados em nível global, oferecendo o mesmo produto e atendimento de Londres a Nova Iorque, de Tóquio a Recife, de São Paulo a Cingapura. No Nordeste do Brasil, uma pequena cidade do interior de Pernambuco, Santa Cruz do Capibaribe, que tem como principal atividade a fabricação doméstica de confecções para atendimento a uma clientela oriunda das cidades vizinhas, teve sua base econômica quase esfacelada ao ser liberada pelo governo brasileiro a importação de produtos fabricados nos países orientais, notadamente chineses. Estes produtos conseguiam ingressar no mercado local a preços inferiores dos praticados pelos produtores da região. Muitos são os exemplos dessa ordem que poderiam ser catalogados sempre que uma comunidade perde as proteções alfandegárias garantidoras de seu mercado.

A adaptação dos sistemas organizacionais às necessidades e limitações ambientais torna-se cada vez mais urgente e definidora do sucesso e da sobrevivência empresarial. Essa necessidade se manifesta de forma variada ao longo do tempo. Por volta da década de sessenta, na cidade do Recife, ao surgir a moda masculina dos cabelos longos, os barbeiros entraram em polvorosa. Declarações discordantes da *nova onda* eram constantemente veiculadas na imprensa por parte daqueles que consideravam estar perdendo clientela pela redução da freqüência dos *cabeludos* em seus estabelecimentos. Um empresário, mais ousado no setor, entendeu a oportunidade de ampliar seu mercado, alterando seus padrões de atendimento à clientela masculina que, agora de cabelos longos, necessitava dos mesmos cuidados procurados pelas mulheres no trato de suas cabeleiras, pois a sua dimensão, muito mais do que o sexo de seus portadores, era que gerava a necessidade de maiores atenções. Imediatamente providenciou equipamentos de lavagem e secagem de cabelos, introduziu a técnica da *escova* para atender aos seus clientes e transformou sua barbearia em salão de beleza, passando posteriormente a atender a ambos os sexos no mesmo ambiente.

No início, a nova abordagem foi encarada com certa desconfiança, principalmente pela cultura machista da sociedade, mas logo se consolidou na cidade, sendo seguida pelos concorrentes, e hoje, superada a moda masculina de cabelos longos, todos os *salões* lavam, secam e penteiam, escovando o cabelo de seus clientes, independentemente de considerações sobre o sexo do portador das cabeleiras.

O surgimento das lojas de auto-serviço – os supermercados – revolucionou o comércio varejista, levando as velhas mercearias à falência e exigindo dos fabricantes uma nova postura mercadológica para seus produtos. A relação fabricante-consumidor tornou-se muito mais intensa, requisitando uma maior agressividade promocional, seja ocupando maiores espaços na mídia de informação, tornando as embalagens mais atrativas ou ainda disputando as melhores prateleiras nas grande lojas de auto-serviço. O próprio cliente precisou se reciclar para a nova forma de comprar. Lembro-me de que, no Recife, em uma recém-inaugurada loja de auto-serviço – uma das primeiras da cidade –, presenciei um diálogo interessante entre uma compradora e a caixa que totalizava o valor das suas compras. Acostumada à barganha da mercearia, a cliente tentava convencer a funcionária do supermercado a lhe conceder um desconto no valor das compras, alegando ser uma boa cliente e que voltaria sempre àquele estabelecimento. Durou algum tempo até que se convenceu da impossibilidade de obter o desconto e retirar-se da loja, sob protesto, afirmando que, por conta daquele tratamento, ali não mais retornaria.

Atualmente as redes de comunicação, via computador pessoal, revolucionam as relações entre as pessoas e dessas com as organizações. A possibilidade de adquirir bens ou serviços a partir do conforto do lar elimina intermediários na cadeia de comercialização, reduz custos e libera mão-de-obra, conduzindo a uma reorganização social que, diferentemente do início do século, não possui parâmetros teóricos que ofereçam modelos alternativos para a nova sociedade que chega espontânea e avassaladoramente.

No campo da utilização das redes informatizadas, a partir do início da década de 90, as companhias aéreas começaram a estabelecer relação direta com seus clientes, eliminando, aos poucos, a figura do intermediário agente de viagem. Nos Estados Unidos, país com maior intensidade de utilização das comunicações via computador, inclusive Internet, algumas empresas de aviação, a partir de 1995, limitaram o comissionamento desses agentes na comercialização de bilhetes aéreos, tradicionalmente de 10% sobre o valor da venda, em um máximo de US$ 50,00 por bilhete vendido, e começaram a abrir seus sistemas de reserva para acesso direto do usuário, em alguns casos até eliminando a necessidade de emissão do bilhete aéreo. O usuário tem apenas de confirmar a reserva através de seu computador doméstico, fazer sua aquisição informando o número do cartão de crédito no qual será debitada a compra e apresentar-se no aeroporto no momento do embarque, munido da carteira de identidade e do código da reserva que lhe foi atribuído pelo computador por ocasião da compra.

Nesse sistema, a Southwest Airlines, já em 1995, informava que cerca de 30% de seus passageiros estavam viajando sem bilhetes emitidos, e a possibilidade de aquisição de lugares nos vôos estaria sendo introduzida na rede Internet. A Continental e a American West anunciavam, naquela ocasião, seguir o mesmo caminho, tendo a primeira aberto seu próprio espaço na World Wide Web da Internet. A United Airlines, em abril de 1996, distribuía com os passageiros a bordo de seus aviões uma oferta especial que permitia a quem possuísse um computador pessoal, mediante o pagamento de uma taxa fixa de US$ 24,95 e de US$ 2,50 por hora de utilização, acesso direto ao seu sistema de reservas, cobrindo 500 companhias aéreas, 30.000 hotéis e 50 locadoras de veículos.

Essas modificações de procedimento das companhias aéreas demandaram uma necessidade premente, em todo o mundo, de os agentes de viagem, tradicionais intermediários na comercialização de bilhetes de passagem aérea e de programas de viagem, adaptarem-se à nova situação, buscando identificar necessidades latentes no ambiente cujo atendimento viesse em substituição ao seu tradicional papel de varejistas na comercialização dos produtos turísticos.

Conforme descrito esquematicamente na Figura 6, não apenas o relacionamento com o mercado, no que diz respeito à natureza das necessidades a serem atendidas, impulsiona e influencia as empresas a melhorarem o seu desempenho, como também as limitações e incentivos impostos pelo setor governamental e, sobretudo, a ação dos concorrentes influenciam o desempenho organizacional.

Figura 6 – Visão Esquemática do Funcionamento do Sistema Organizacional em seu Relacionamento com o Meio Ambiente

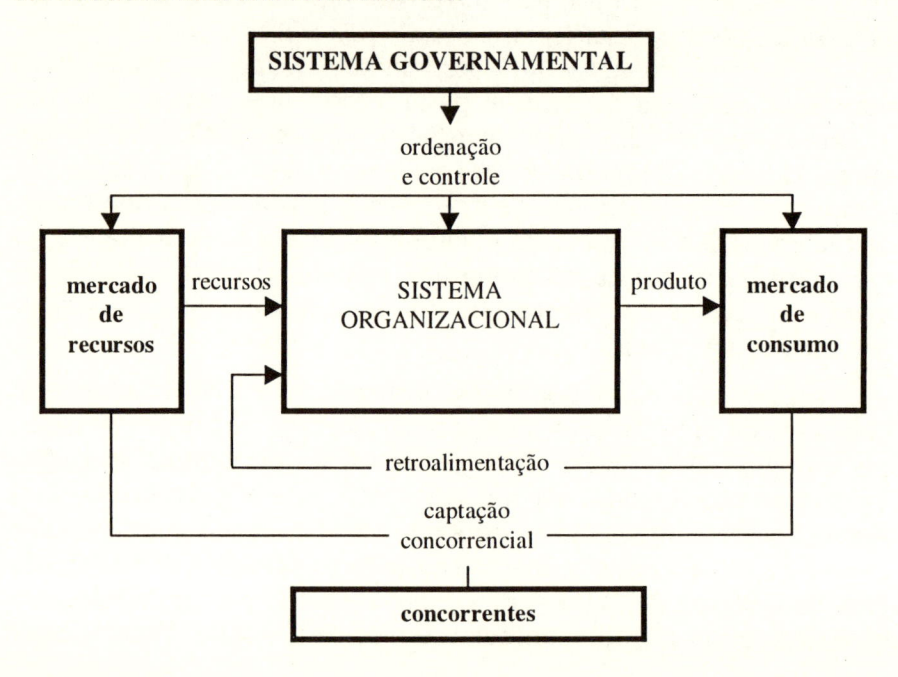

O governo, na condição de gestor da sociedade, intérprete de seus anseios e defensor de seus interesses, utilizando-se de políticas fiscais e monetárias, planos de investimentos ou simplesmente do poder de polícia, impõe restrições ao desempenho organizacional ou promove oportunidades de negócios à medida que deseja inibir ou incentivar a exploração de atividades ou beneficiar regiões em políticas desenvolvimentistas.

Em nome da proteção à saúde do consumidor, muitos governos obrigam que a veiculação de propaganda de cigarros traga a informação de que o produto ofende a saúde do usuário, ou mesmo impedem que tais propagandas sejam veiculadas pela televisão, considerada meio de comunicação de maior capacidade em influenciar comportamentos.

Da mesma forma o governo pode proibir a prática de certas atividades, tais como o jogo, a comercialização aberta de armamentos, a venda de bebidas alcóolicas a menores de idade ou o ingresso desses em determinadas casas de diversão noturna, ou disciplinar outras atividades no sentido do melhor atendimento dos interesses e valores da sociedade. A mutabilidade dos costumes e dos valores sociais determina alterações nas políticas governamentais, afetando profundamente o desempenho das organizações que necessitam continuamente se adaptar às novas normas legais na definição e comercialização de seus produtos, bens ou serviços.

Da mesma forma, o interesse em promover determinadas atividades, consideradas importantes para a sociedade, ou desenvolver regiões menos favorecidas, leva o governo a criar mecanismos de incentivo que geram oportunidades de investimentos em áreas e setores específicos. A criação de incentivos fiscais, a adoção de juros subsidiados, a concessão de áreas públicas para a instalação de empreendimentos, a constituição de barreiras alfandegárias que criam reservas de mercado são, entre outras, formas de estímulo governamental à exploração de determinadas atividades, ou à localização empresarial que geram oportunidades a serem consideradas pelas organizações na expansão de seus negócios.

Finalmente, a ação dos concorrentes, permanentemente disputando recursos e clientes é um indutor de comportamento e dinamismo das organizações que atuam competitivamente. A ausência dessa competição gera uma acomodação natural nas organizações que podem ser surpreendidas pela chegada de um concorrente inesperado no mercado. O exemplo dos países em desenvolvimento que pautaram seus modelos de crescimento na substituição das importações, criando barreiras para a comercialização em seus territórios de produtos estrangeiros, é ilustrativo dessa inércia organizacional decorrente da criação de mercados cativos. No Brasil, a indústria automobilística nacional sofreu um grande impacto modernizador no momento em que o governo, no início dos anos 90, percebeu a importância de abrir seu mercado ao produto estrangeiro, de melhor qualidade e menor custo, o mesmo ocorrendo em outros segmentos produtivos estimulados evolutivamente pela presença do concorrente internacional.

A existência da concorrência, gerando a possibilidade de perda de mercados e falência organizacional, pode ser apontada como o grande diferencial de desempenho entre os setores público e privado. Enquanto a empresa privada necessita permanentemente desenvolver esforço para se manter existindo, através da conquista e manutenção da clientela frente aos concorrentes que a disputam, a repartição pública, monopolista por natureza de suas atividades, não corre o risco de falência ou fracasso existencial. O desempenho adequado do setor público será em função do nível da exigência da comunidade, diretamente proporcional ao seu amadurecimento cultural e político, e de sua capacidade de fazer-se compreender e ser atendida pelo setor governamental. O cliente de uma instituição financeira, insatisfeito com o atendimento que lhe foi dispensado, troca de banco, remanejando seus ativos financeiros. O cidadão assaltado em sua esquina terá que recorrer sempre à delegacia de polícia em cuja jurisdição o fato ocorreu, independentemente de sua satisfação com o atendimento que lhe for dispensado. A perda de cliente, no primeiro caso, levará o banco a rever sua orientação, reciclar ou substituir trabalhadores, modernizar-se ou desaparecer no ambiente competitivo. Na delegacia de polícia a desistência do cliente em ser atendido poderá servir de alívio aos servidores, que não percebem nenhuma relação de sobrevivência funcional com a satisfação dos que buscam seu atendimento. O sucesso no setor público dependerá sempre, em maior ou menor escala, da inspiração e dedicação de um eventual dirigente, sem nenhuma garantia de continuidade de suas ações, pela rotatividade que lhe impõe a sucessão democrática dos mandatos.

Capítulo 2

O Turismo e sua Importância Econômica

2.1 A Dinâmica do Turismo

Fazer turismo, no sentido de viajar, conhecer lugares diversos, saborear gastronomias distintas, curtir momentos de lazer, fugindo da rotina do cotidiano, é sem dúvida aspiração, se não de todas, da grande maioria das pessoas.

Evidentemente que as dimensões desse desejo variam na conformidade das disponibilidades de tempo, de recursos e do próprio nível cultural de cada um. Para muitos, um passeio de final de semana para uma cidade litorânea próxima de sua residência, um ou dois dias no município vizinho para participar de um festejo, visitar um parente ou até mesmo fazer compras numa feira realizam tanto quanto, para outros, só acontece com um cruzeiro internacional, uma excursão de meses por lugares exóticos em países distantes ou uma temporada em um centro de jogos de azar, onde os cassinos são a principal atração.

Normalmente é por esse prisma que se observa a atividade turística: pelo prazer que proporciona aos usuários das atividades que movimentam o setor.

Para que tudo isso aconteça, entretanto, uma multidão de atores – agentes econômicos do turismo – se movimentam por todo o mundo, gerenciando recursos e se comunicando de forma que o *sushi* comprado na agência de viagem em Petrolina, no sertão de Pernambuco, integrando um pacote de viagem ao Oriente, seja servido adequadamente no bairro japonês de Ginza.

Caracteristicamente de natureza terciária, a atividade turística une, numa grande teia, pessoas, que, na maioria das vezes, nem se conhecem pessoalmente, para prestar ao viajante os serviços requeridos para atendimento dos seus desejos e necessidades.

Constituem essa teia agentes de viagem, operadores turísticos, hoteleiros, locadores de veículos, guias especializados, companhias de transporte aéreo, rodoviário, marítimo ou fluvial, restaurantes, bares, casas de show e cassinos, entre tantos outros que atendem diretamente ao viajante, e que têm os seus serviços normalmente incluídos nos programas comercializados.

No entanto, não apenas esses são mobilizados pela atividade turística. Considerando ser o turista o habitante eventual de uma cidade, possuidor também de todas as necessidades próprias de seu cidadão permanente, muito mais pessoas e organizações apoiam sua estada no destino escolhido. São os carregadores de malas, os motoristas de táxi, os artesãos, os vendedores de frutas típicas, os sorveteiros, os médicos, os hospitais, os engraxates, os comerciantes, os jangadeiros que promovem passeios em suas embarcações, os locadores de pranchas de *surf,* de *jet sky,* de pára-quedas voador, de ultraleve ou de qualquer outro equipamento que possa servir de distração ao usuário.

Esse segundo grupo de pessoas que atende ao turista não tem normalmente seus serviços incluídos nos pacotes de viagem que são comercializados usualmente, mas sua participação no atendimento ao viajante torna-se tão importante quanto a daqueles que integram o primeiro grupo antes referido. Observe-se que esta categoria é constituída preponderantemente por pessoas físicas ou empresas de pequeno e médio porte, proporcionando as atividades a que se dedicam excelente campo à incorporação de novas pessoas ao mercado de trabalho, seja informal ou formalmente, através da geração de pequenos negócios que venham a se fortalecer e crescer ao longo do tempo, transformando-se em sólidas empresas.

O grande diferencial entre o turista e o cidadão permanente das localidades visitadas é a total disponibilidade de tempo daqueles para o lazer e, normalmente, também maior capacidade de dispêndio durante sua permanência.

É conveniente pensar, ainda, num terceiro grupo de agentes mobilizados para atendimento ao turista. Para tanto, deve-se levar em conta o efeito multiplicador de atividades que o crescimento da população flutuante nos segmentos de renda mais elevados, proporcionado pela chegada de turistas com recursos disponíveis para gastos de lazer, acarreta. Para que o hoteleiro, o dono do restaurante ou o locador de veículos, apenas para citar alguns dos agentes econômicos do turismo, realizem o seu trabalho, necessitam por trás de si que toda uma estrutura de produção e fornecimento de mercadorias se mobilize para lhes proporcionar a possibilidade de atendimento adequado ao seu cliente, o turista. São os gêneros alimentícios que precisam ser comprados por bares e restaurantes, as frotas de veículos das locadoras e agências de viagem receptivas que devem ser aumentadas e mantidas em condições de uso na proporcionalidade dos fluxos de clientes que chegam, são os estoques de lençóis, travesseiros, colchões, copos, pratos, talheres e outras peças de reposição de hotéis e restaurantes que necessitam estar adequadamente supridos e que, para tanto, pressionam as unidades produtoras no sentido de ampliarem suas respectivas capacidades produtivas. Tudo isso aumentando os níveis de emprego e renda.

Finalmente, um quarto grupo de atividades é afetado pela chegada de novas levas de turistas a uma cidade. São as atividades de infra-estrutura urbana que devem estar aptas a atender não apenas ao cidadão permanente mas também ao que eventualmente se reveste daquela condição. Observe-se que estando mais disponível para usar a cidade, o turista se ressente de forma mais intensa das suas carências. Assim, atividades de segurança, limpeza e conservação de vias públicas e monumentos históricos, iluminação urbana, comunicações, assistência médica, informações sobre a cidade, promoção de eventos enfatizando as raízes da cultura local, entre tantas outras, precisam ser reforçadas de forma a tornar a cidade mais confortável, segura e atrativa para todos os que nela habitam, seja de forma permanente ou temporária.

Evidentemente que tanto quanto as demais atividades, para que essas últimas se viabilizem, fornecedores de bens e serviços serão mobilizados ativando ainda mais o efeito multiplicador de riqueza deflagrado pela chegada do turista.

Dessa forma quatro grandes grupos de agentes econômicos prestadores de serviços podem ser de logo identificados para o atendimento ao turista:

- *aqueles que prestam serviços diretamente ao turista e têm normalmente suas atividades englobadas nos pacotes de viagem comercializados nos pontos de origem do viajante;*
- *aqueles que prestam serviços diretamente ao turista, mas não são passíveis de terem normalmente suas atividades incluídas nos pacotes de viagem, na forma como são comercializados nos pontos de origem do viajante;*
- *aqueles que integram as atividades responsáveis pela infra-estrutura urbana da cidade que recebe o turista;*
- *aqueles que, não se relacionando diretamente com o turista, são responsáveis pelo fornecimento dos produtos que serão utilizados no seu atendimento direto, seja produzindo-os ou comercializando-os.*

2.2 A Distribuição das Receitas do Turismo

Ao decidir efetuar uma viagem, uma pessoa qualquer poderá adotar dois tipos de procedimento:

- *programá-la isoladamente, adquirir os bilhetes de transporte e deixar para comprar os demais serviços – hospedagem, transporte entre hotel e aeroporto, passeios, excursões, etc. – diretamente nos destinos que escolheu visitar. Atualmente a facilidade dos meios de comunicação permite que o viajante potencial efetue também as reservas dos demais serviços diretamente, a partir de seu lugar de origem, através dos* toll frees *disponibilizados pelos prestadores dos serviços, pelo fax ou pelas redes internacionais de comunicação informatizada;*
- *procurar um profissional especializado na programação e comercialização de viagens – o agente de viagem –, utilizar sua assessoria para planejar a viagem e, através dele, adquirir todos os serviços desejados.*

Se escolheu a primeira alternativa, certamente já possui um certo conhecimento dos locais que visitará, tem alguma experiência de viagem ou muito espírito de aventura, pois, normalmente, dispondo de tempo limitado, o viajante pretende tirar o melhor proveito possível de seu deslocamento, o que certamente não acontecerá se, chegando a uma cidade desconhecida, tiver que descobrir os melhores programas locais pelo método de erros e acertos. Nos deslocamentos internacionais estas dificuldades podem ser acrescidas ainda pela barreira do idioma.

A utilização de uma estrutura profissional na montagem do roteiro de viagem e na aquisição dos serviços, além de possibilitar ao adquirente, principalmente aos que se iniciam em viagens mais longas, um maior benefício na utilização do tempo disponível para viajar, proporcionará, de certo, um custo mais reduzido, pois normalmente a capacidade de compra dos que agenciam viagens possibilita-lhes preços mais baixos e vantagens que são repassados aos clientes, sob a forma de pacotes de viagem, aumentando sua participação no mercado e com isso ampliando ainda mais seu poder de negociação frente aos seus fornecedores.

Em qualquer alternativa, o adquirente deflagra, ao solicitar as reservas, toda uma cadeia de comunicação no sentido de garantir-lhe os serviços que pretende utilizar, seja hospedagem, transporte dos aeroportos para os hotéis e vice-versa, alimentação, excursões de durações variadas, locação de veículos, participação em espetáculos das mais diversas naturezas, entre muitos outros. Após confirmadas as reservas encontra-se estabelecido um programa de viagem que se pode revestir alternativamente de duas condições: ter sido montado especificamente para atender às singularidades das preferências individuais de um viajante, ou ter sido previamente criado e oferecido ao viajante para adesão. Nesta segunda categoria, temos as tão difundidas excursões com roteiros e datas de saída predefinidos.

Observa-se que já neste momento, quando o viajante potencial inicia a programação de sua viagem junto a uma agência de turismo, pelo menos duas categorias de agentes econômicos são de imediato mobilizadas: o próprio profissional que o assessora nas escolhas, e o operador de viagem, a quem aquele irá recorrer, na maioria das vezes, para adquirir os produtos desejados pelo seu cliente. A diferença entre um e outro está em que o primeiro trabalha como varejista e o segundo, como grossista.

Para qualquer agente de viagem em qualquer parte do mundo, e principalmente para os de menor porte, mesmo utilizando os recursos da informática já aplicados aos sistemas de reserva disponíveis por terminais de computador, torna-se muito difícil, senão impossível, manter negociações vantajosas com os fornecedores dos diversos destinos nacionais e internacionais, havendo ainda um custo de comunicação que certamente a sua remuneração, à base de comissão, não cobrirá de forma satisfatória. Exatamente por isso, surgiram aqueles profissionais, os operadores, que ao longo do tempo se especializaram em determinadas regiões ou serviços e, pelo seu volume de negócios concentrados, pois atendem ao público diretamente ou através de agentes de viagem em países diversos, possuem condições comerciais mais vantajosas e procuram, aproveitando-as, montar programas de viagem direcionados à formação de grupos com pessoas de origens geográficas diversas, mas que lhes permitem oferecer serviços de boa qualidade a preços reduzidos, mesmo considerando os ganhos dos diversos níveis envolvidos na cadeia de comercialização. O mais importante é que para o usuário o preço do programa normalmente não varia, seja adquirido do operador, seja adquirido do agente de viagem, pelo respeito que aquele tem ao papel desse como vendedor de seus produtos. Muitos operadores preferem até não atender diretamente ao público, só o fazendo através de agentes. Essa peculiaridade, entretanto, começa a ser afetada pela possibilidade, viabilizada pelo progresso das comunicações, de eliminação de intermediários na relação entre o prestador de serviço e o usuário.

Ao adquirir um pacote de viagem, o turista ativa todo um sistema econômico de prestação de serviços e aquisição de bens. Tratando-se de uma viagem nacional ou internacional, e dependendo da sua amplitude, utilizará serviços de transporte aéreo, rodoviário, marítimo ou fluvial entre as localidades que visitará; hospedar-se-á em hotéis; utilizará carros alugados ou contratados pelo sistema de *leasing*; efetuará refeições incluídas na programação; será orientado por guias especializados nos locais de destino para melhor conhecê-los e em cada localidade terá um operador ou agente de viagem receptivo para atendê-lo e resolver os possíveis problemas que venham a surgir e prejudicar o andamento de sua viagem. Evidentemente todos remunerados pelo preço pago no momento e no local da compra da viagem.

Essa injeção de recursos, entretanto, não cessa por aí. Ao chegar a cada destino o viajante começa, desde o aeroporto, a distribuir gorjetas entre aqueles que lhe atendem, seja carregando malas, conduzindo-o aos hotéis, ou nestes indicando-lhe a localização de seu apartamento. Ficar em uma cidade, mesmo com os serviços essenciais adquiridos no local de origem, implica muitos outros dispêndios. São refeições, passeios e shows que não estão incluídos no pacote adquirido; são as compras de lembranças que recordam a viagem para si, parentes e amigos que por alguma razão não puderam ir junto; são as compras de produtos mais permanentes (roupas, eletrodomésticos e outros utensílios) que apresentem atrativos por razões de preço mais vantajoso, qualidade superior ou até mesmo por não existir similar na terra de origem.

As cidades de Miami, Nova Iorque e Nova Jersey, nos Estados Unidos, são grandes exemplos da importância do turismo para o movimento do comércio local, principalmente quando se trata de turistas sul-americanos. O Brasil e a Argentina, alternativamente, têm atraído reciprocamente, ao longo da história, contigentes de turistas em função do maior poder de compra conjuntural da moeda de um sobre a do outro país. A cidade de Veneza, com seus arruados agradavelmente estreitos e antigos, onde as lojas se oferecem aos passantes, se revela como excelente centro comercial para o turista que a visita. Não é à toa que entre as atrações turísticas mundialmente conhecidas encontram-se grandes pontos de comércio, como as lojas Harrods e Liberty em Londres, as Galerias Lafayette em Paris, o Corte Inglês em Madrid, as lojas Macy's em Nova Iorque ou as populares Federal Discount e Wallgreens na Flórida.

Nenhum desses serviços poderá ser prestado ao turista, se por trás deles não existir toda uma estrutura que possibilite seu funcionamento. São indústrias que produzem mais alimentos, lençóis, pratos, panelas, talheres, lembranças de viagem (camisetas, chaveiros, miniaturas de pontos e atrativos turísticos, entre tantos outros criados pela inventividade humana), eletrodomésticos, roupas, tecidos, pneus, veículos, material de escritório, bebidas, etc. São comerciantes que ampliam seus estoques para atender a uma demanda aquecida pelo crescimento da população flutuante decorrente da incorporação dos fluxos turísticos e pelos recursos que esses deixam nas mãos dos cidadãos permanentes. É a agricultura ativada pela maior demanda de alimentos de boa qualidade dos centros de visitação turística. São os prestadores de serviço de manutenção de equipamentos requisitados para manter em funcionamento aparelhos de ar-condicionado, centrais frigoríficas, veículos, computadores e muitos outros equipamentos aptos a funcionar no atendimento das demandas do setor. São artesãos, artistas plásticos, músicos, bailarinos, comediantes e muitas outras pessoas que possuem a habilidade de fazer e transmitir cultura que são mobilizados para o entretenimento do turista, ávido de ocupação para preencher seu tempo de lazer, que conjunturalmente se revela permanente. Não é sem motivo que os mais de quarenta e cinco teatros londrinos estão sempre lotados, ou que, para assistir a um musical na Broadway, se precise garantir reserva com grande antecedência, isso sem falar nos parques temáticos que se distribuem pelo mundo sob a liderança inconteste do milagre criado por Walt Disney. Como também não é sem motivo que milhares de artistas, que ainda não encontraram reconhecimento para seu valor na estrutura formal de diversão, perambulam em torno do Centro Pompidou ou de Montmartre, em Paris, da Piazza e do Central Market do Covent Garden, em Londres, da Avenida Atlântica, no Rio de Janeiro, da Piazza Navona, em Roma, e de tantos outros lugares de visitação obrigatória para o turista em todo o mundo, apresentando nas calçadas e nas estações de metrô suas habilidades e com elas viabilizando o seu sustento.

A dispersão dos efeitos econômicos do turismo ocorre com tal amplitude e intensidade que se torna difícil definir o seu alcance e, como se pode ver mais adiante, até mesmo identificar a própria composição do setor econômico englobado pela atividade turística.

Característica importante do turismo é que todo o proveito decorrente da fruição dos serviços postos à disposição do turista serve da mesma forma para melhorar a qualidade de vida do cidadão local, à medida que, além de, sendo um grande gerador e distribuidor de riqueza, melhorará substancialmente os níveis de emprego e renda das comunidades que os exploram, colocará à disposição da população nativa uma variedade de serviços que só a ampliação do mercado consumidor, proporcionado pela chegada dos contigentes de turistas com tempo disponível para lazer e com nível de renda compatível com os melhores da região, pode justificar.

Se isto é verdade quando se trata dos serviços prestados pelo setor privado, com muito maior razão se aplica aos serviços prestados pelo setor público.

Ao deslocar-se de sua cidade para uma outra, onde deverá permanecer por um curto espaço de tempo e conhecer o máximo daquela localidade, o turista necessita encontrar um lugar seguro, agradável e em que se possa deslocar com facilidade, sem riscos de ser molestado ou de não encontrar os destinos desejados em seus passeios.

Para tanto, muitos serviços prestados diretamente pelo setor público, ou privatizados sob sua supervisão imediata, são demandados, entre os quais se destacam:

- *abastecimento d'água;*
- *comunicações internas e com o mundo;*
- *iluminação pública;*
- *informações sobre a cidade e a região;*
- *infra-estrutura viária;*
- *limpeza urbana;*
- *segurança pública;*
- *transporte urbano.*

Não é difícil concluir que todos esses serviços são exatamente aqueles de que o cidadão local necessita. Apenas para o atendimento ao turista é necessário, muitas vezes, que eles excedam em qualidade às normais exigências das populações locais que, envolvidas na rotina do cotidiano, terminam por se habituar a uma menor qualidade de atendimento – notadamente nos países em desenvolvimento –, criando uma tolerância conivente com padrões inferiores de desempenho. A manutenção dos fluxos turísticos de maior poder aquisitivo, entretanto, exige uma qualidade superior de serviços, considerando-se que os povos e as pessoas que mais viajam são, quase sempre, aqueles que possuem um melhor padrão de vida em suas localidades de origem, e esperam ao menos encontrar situação semelhante à qual estão acostumados. O não-atendimento desses itens básicos compromete irremediavelmente o destino, tornando-o pouco recomendável como atração turística.

2.3 A Importância Econômica do Turismo

Não basta, entretanto, apenas citar qualitativamente a importância da atividade turística como mobilizadora de recursos e geradora de riqueza, destacando-se a amplitude do universo dos agentes econômicos do turismo. Torna-se necessária sua expressão numérica e historicamente constatada.

Nesse sentido, a Tabela 1 revela os dados divulgados pela Organização Mundial de Turismo – OMT –, que se referem à quantidade de pessoas que em todo o mundo entraram nos diversos países provenientes de outros países e o volume de recursos gerados em nível mundial por essa movimentação. Observe-se que não estão incluídos neste cômputo o turismo doméstico, ou seja, aquela movimentação de viajantes dentro de um mesmo país e que a OMT (1990), no estudo "El turismo hasta el año 2000", considera muito superior ao internacional, assim se referindo:

"El turismo nacional supera amplamente al internacional, tanto em numero de llegadas, que multiplican por diez las internacionales (4.100 milliones de llegadas nacionales en 1988, según cifras de la OMT), como en cuantia de los gastos, que se multiplican por siete incluindo el transporte (1,5 billones de dolares EEUU en 1987, según el Travel Industry World Yearbook)."

Os dados da Tabela 1, transcritos do *Compendio de estadísticas del turismo* (1997), editado pela OMT, bem demonstram a importância econômica da atividade turística em nível mundial e sua evolução ao longo dos últimos 45 anos, seja em número de turistas estrangeiros que a cada ano entram nos diversos países, seja em volume de receita anualmente gerada.

A partir dos dados supracitados, a OMT projeta para o ano 2000 um fluxo entre países em torno de 956 milhões de pessoas, com um volume de receita para os países visitados estimado em 844 bilhões de dólares.

Outros números demonstram a importância do setor para a economia mundial e são citados pela OMT (1998), tais como, o fato de que o turismo em 1991 ocupava 101 milhões de pessoas em todo o mundo, ou seja, em cada 16 trabalhadores, um estava vinculado à atividade turística, ou ainda que os investimentos em turismo correspondem a 7% (sete por cento) dos investimentos mundiais, tendo sido estimada para aquele ano uma receita tributária em torno de 166 bilhões de dólares decorrentes da exploração do turismo nos diversos países. No balanço do comércio internacional em 1989, as receitas geradas pelo turismo (excluída a conta de transportes) já representavam 8,8% do movimento decorrente das trocas de bens e serviços entre os diversos países do mundo, o que leva esta atividade a compor, juntamente com o comércio de petróleo e veículos, as três principais fontes de receita em nível mundial.

Gestão da Qualidade em Destinos Turísticos • 49

Tabela 1 – Movimento do Turismo Internacional no Mundo

ANO	CHEGADAS (mil)[1]	VARIAÇÃO (%)	RECEITA (milhões US$)	VARIAÇÃO (%)
1950	25.282	———	2.100	———
1960	69.320	174,09	6.867	227,00
1961	75.323	8,66	7.284	6,07
1962	81.381	8,04	8.029	10,23
1963	90.071	10,68	8.887	10,69
1964	104.601	16,13	10.073	13,35
1965	112.863	7,90	11.604	15,20
1966	119.980	6,31	13.340	14,96
1967	129.782	8,17	14.458	8,38
1968	131.201	1,09	14.990	3,68
1969	143.511	9,38	16.800	12,07
1970	165.787	15,52	17.900	6,55
1971	178.853	7,88	20.850	16,48
1972	189.129	5,75	24.621	18,09
1973	198.906	5,17	31.054	26,13
1974	205.667	3,40	33.822	8,91
1975	222.290	8,08	40.702	20,34
1976	228.873	2,96	44.436	9,17
1977	249.264	8,91	55.637	25,21
1978	267.076	7,15	68.845	23,74
1979	283.089	6,00	83.340	21,05
1980	287.493 (cr)[3]	1,56	105.313 (cr)	26,37
1981	288.625 (cr)	0,39	107.459 (cr)	2,04
1982	287.553 (cr)	-0,37	100.913 (cr)	-6,09
1983	291.645 (cr)	1,42	102.473 (cr)	1,55
1984	318.851 (cr)	9,33	112.707 (cr)	9,99
1985	327.853 (cr)	2,82	117.643 (cr)	4,38
1986	338.993 (cr)	3,40	142.415 (cr)	21,06
1987	362.295 (cr)	6,87	174.609 (cr)	22,61
1988	395.024 (cr)	9,03	202.556 (cr)	16,01
1989	426.636 (cr)	8,00	219.477 (cr)	8,35
1990	458.331 (cr)	7,43	266.207 (cr)	21,29
1991	463.647 (cr)	1,16	272.684 (cr)	2,43
1992	503.148 (cr)	8,52	310.785 (cr)	13,97
1993	517.973 (cr)	2,95	317.790 (cr)	2,25
1994	544.524 (cr)	5,13	351.179 (cr)	10,51
1995	564.025 (cr)	3,58	398.898 (cr)	13,59
1996[2]	594.827	5,40	433.863	8,76
1997[2]	610.763	2,60	435.981	0,40
1998	625.236	2,40	447.741	2,00

Fonte: ORGANIZAÇÃO MUNDIAL DE TURISMO. **Compendio de estadísticas del turismo**. Madrid, 1997.
(1) Excluídos visitantes de um dia. (2) Dados extraídos pelo autor da ORGANIZAÇÃO MUNDIAL DE TURISMO. **Datos essenciales, 1998**. Madrid: OMT [1999]. (3) Cr. Cifras revisadas.

2.4 A Distribuição do Produto Turístico pelo Mundo

Evidentemente que os números representativos da importância do turismo na economia mundial não se encontram uniformemente distribuídos por todos os países. Melhor aproveitam os resultados desta atividade aqueles que mais cedo despertaram para a sua importância e souberam-na explorar de forma mais conveniente.

Para facilitar a comparação entre as ações e os resultados obtidos pelos diversos países integrantes das regiões geográficas mundiais, a OMT (1998) os reúne em seis grandes grupos, para a apuração da distribuição dos resultados do turismo internacional.

"I – Africa:

Africa Oriental:
Burundi, Comoras, Djibouti, Eritrea, Etiopía, Kenya, Madagascar, Malawi, Maurício, Mozambique, Reunión, Rwanda, Seychelles, Somalia, Tanzania, Tr. Br. Oc. Ind., Uganda, Zambia, Zimbabwe.

Africa Central:
Angola, Camerún, Chad, Congo, Gabón, Guinea Ecuatorial, R. Dem. Congo, Rep. Centroafricana, Santo Tomé y Prin.

Africa del Norte:
Argélia, Marruecos, Sudan, Túnez.

Africa Austral:
Botswana, Lesotho, Namíbia, Sudáfrica, Swazilandia.

Africa Occidental:
Benin, Burkina Faso, Cabo Verda, Côte d'Ivoire, Gambia, Ghana, Guinea, Guinea-Bissau, Liberia, Malí, Mauritania, Níger, Nigeria, Sant Elena, Senegal, Sierra Leona, Togo.

II – Americas:

El Caribe:
Anguila, Antígua, Barb, Antillas Neerlandesas, Bonaire, Curaçao, Saba, San Eustaquio, San Martín, Aruba, Bahamas, Barbados, Bermudas, Cuba, Dominica, Granada, Guadalupe, Haití, Isl. Vírg. Americanas, Isl.

Vírg Británicas, Islas Caimán, Islas Turcas y Caicas, Jamaica, Martinica, Montserrat, Puerto Rico, Rep. Dominicana, Saint Kitts y Nevis, San Vicente G, Santa Lucía, Trinidad y Tabago.

America Central:
Belice, Costa Rica, El Salvador, Guatemala, Honduras, Nicaragua, Panamá.

América Septentrional:
Canadá, Estados Unidos, Greenland, Hawaii (EEUU), México, San Pedro M.

América del Sur:
Argentina, Bolívia, Brasil, Chile, Colombia, Ecuador, Guyana, Guyana Francesa, Islas Falkland, Paraguay, Perú, Suriname, Uruguay, Venezuela.

III – Asia Oriental y El Pacifico:

Asia del Nordeste:
China, Corea, Rep. de Corea, Rep P. D., China RAE de Hong Kong (nuevo nombre de Hong Kong después de su reunificación com China el 1º de Julio de 1997), Japón, Macao, Mongolia, Taiwan (Provincia de China).

Asia del Sudeste:
Brunei Darussalam, Camboya, Filipinas, Indonesia, Malasia, Myanmar, Rep. Dem. Pop. Lao, Singapur, Tailandia, Viet Nam.

Australasia:
Australia, Nueva Zelanda.

Micronesia:
Guam, Isla Wake, Islas Johnston, Islas Marians Sept., Islas Marshall, Islas Midway, Kiribati, Micronesia (Estado Kosrae, Estado Pohnpei, Estado Truk, Estado Yap), Nauru, Palau.

Melanesia:
Fiji, Islas Salomón, Nueva Caledonia, Papua Nueva Guinea, Vanuatu.

Polinesia:
Islas Cook, Islas Wallis F., Niue, Pitcairn, Polinesia Francesa, Samoa, Samoa Americana, Tokelau, Tonga, Tuvalu.

IV – Asia Meridional:

Afganistán, Bangladesh, Bhután, India, Irán, Maldivas, Nepal, Pakistán, Sri Lanka.

V – Oriente Medio:

Arabia Saudita, Bahrein, Egipto, Emiratos Arabes Unidos (Abu Dhabi, Dubai, Sharjah), Iraq, Jamahiriya Arabe Libia, Jordania, Kuwait, Libano, Oman, Palestina, Qatar, República Arabe Siria, Yemen.

VI – Europa:

Europa Central/Orient.:

Armenia, Azerbaiyán, Belarús, Bulgaria, Eslovaquia, Estonia, Fed. de Rusia, Georgia, Hungria, Kazajstán, Kirguistán, Letonia, Lituania, Polonia, Rep. Checa, Rep. Moldova, Rumania, Tayikistán, Turkmenistán, Ucrania, Uzbekistán.

Europa del Norte:

Dinamarca, Finlandia, Irlanda, Isla Man, Islandia, Islas Channel, Islas Feroe, Islas Svalbard, Noruega, Reino Unido, Suecia.

Europa Meridional:

Albania, Andorra, Bosnia Herzg, Croacia, Eslovenia, España, Gibraltar, Grecia, Italia, La Ex República Yugoslava de Macedonia (TFYROM), Malta, Portugal, San Marino, Santa Sede, Yugoslavia.

Europa Occidental:

Alemania, Austria, Bélgica, Francia, Liechtenstein, Luxemburgo, Mónaco, Países Bajos, Suiza.

Europa del Mediterráneo Oriental:

Chipre, Israel, Turquía."

As tabelas 2 e 3 mostram a distribuição pelas regiões dos fluxos de turistas procedentes do estrangeiro e das receitas geradas nos anos de 1997 a 1998 e suas respectivas taxas de incremento.

Tabela 2 – Chegadas de Turistas Procedentes do Estrangeiro em 1997-1998
(Totais em Mil)

REGIÕES	INDICADORES	ANOS	
		1997	1998
Mundo	Total	610.763	625.236
	% do mundo	100	100
	índice	100	102,36
África	Total	23.157	24.903
	% do mundo	3,79	3,98
	índice	100	107,53
Américas	Total	118.481	120.056
	% do mundo	19,39	19,22
	índice	100	101,44
Ásia Meridional	Total	4.830	5.071
	% do mundo	0,79	0,81
	índice	100	104,98
Ásia Oriental/Pacífico	Total	87.953	86.927
	% do mundo	14,40	13,90
	índice	100	98,83
Europa	Total	361.509	372.523
	% do mundo	59,18	59,58
	índice	100	103,04
Oriente Médio	Total	14.833	15.622
	% do mundo	2,43	2,49
	índice	100	105,31

Fonte: ORGANIZAÇÃO MUNDIAL DE TURISMO – OMT.

Tabela 3 – Receita do Turismo Internacional em 1997-1998
(Totais em US$ Milhões)

REGIÕES	INDICADORES	ANOS	
		1997	1998
Mundo	Total	435.981	444.741
	% do mundo	100	100
	índice	100	102,00
África	Total	9.018	9.551
	% do mundo	2,06	2,14
	índice	100	105,91
Américas	Total	118.767	121.225
	% do mundo	27,24	27,25
	índice	100	102,06
Ásia Meridional	Total	4.279	4.400
	% do mundo	0,98	0,98
	índice	100	102,82
Ásia Oriental/Pacífico	Total	76.627	73.739
	% do mundo	17,57	16,58
	índice	100	96,23
Europa	Total	218.155	226.104
	% do mundo	50,03	50,83
	índice	100	103,64
Oriente Médio	Total	9.135	9.722
	% do mundo	2,09	2,19
	índice	100	106,42

Fonte: ORGANIZAÇÃO MUNDIAL DE TURISMO – OMT.
Nota: Excluída a receita referente ao transporte internacional.

Essas tabelas demonstram que a participação das regiões no número de chegadas de turistas internacional em todo o mundo não é diretamente proporcional à participação das mesmas regiões na receita global do turismo.

Essa constatação torna-se importante à medida que deve ser interesse de cada país obter o melhor resultado econômico possível da chegada de turistas ao seu território. Algumas razões podem explicar tal fato:

- *a variação do nível do custo de vida em dólares americanos;*
- *a duração da permanência média do turista;*
- *a existência de uma maior diversidade de atrativos a serem visitados pelos turistas.*

Dessa forma observa-se que a proximidade entre os países da Europa facilita os fluxos intra-regionais de curta duração, seja por parte dos próprios europeus que se deslocam continuamente pelo continente, muitas vezes até por necessidade profissional, seja por parte dos viajantes oriundos de outras regiões, que aproveitam o custo do deslocamento de longo curso para visitar, em uma mesma viagem, diversos países europeus com curtas permanências em cada um. Esta poderia ser uma das explicações para o desequilíbrio entre as participações da Europa no número de viajantes internacionais – a maior de todas as regiões – em contrapartida à sua participação no produto mundial do turismo que, em que pese superar também as demais regiões, não o faz na mesma proporção do percentual mundial de viajantes internacionais que chegam aos países europeus.

O mesmo não acontece, por exemplo, na região das Américas, que tem na sub-região constituída pelo Canadá e Estados Unidos a apropriação de cerca de 70% das receitas do turismo da região, o que sem dúvida favorece o desempenho regional em auferir, percentualmente, mais receita global do turismo que fluxo de viajantes. Isto porque, pelas suas dimensões territoriais e variedade de atrativos, aqueles países favorecem uma maior duração de estadia e conseqüentemente um maior dispêndio do viajante.

A grande disputa no turismo em nível mundial ocorre não somente na capacidade de atração dos viajantes pelos diversos destinos que despertaram para a atividade turística como fonte de divisas, mas em tornar a permanência desses viajantes o mais rentável possível para as suas respectivas economias, sem que isso decorra do aumento comparativo do preço dos serviços oferecidos, mas da maior duração de sua permanência e da melhor oferta de alternativas de lazer que estimulem o seu consumo.

2.5 Turismo – Conceitos Básicos

Para bem receber o turista, as cidades precisam identificá-lo e as suas necessidades. Da mesma forma, a apuração dos resultados da atividade turística exige que se tenha conhecimento conceitual de quem seja o turista e do móvel que o leva a se deslocar para um determinado destino. Só assim poderá apropriar adequadamente os efeitos benéficos de sua existência para a economia da comunidade que o recebe.

Neste sentido o Prof. Manuel Figuerola Palermo (1992), em seu *Manual para el estudio de la economia turística en el ambito macroeconómico*, coloca algumas das distintas definições de turismo. Citando a Asociación Internacional de Expertos Científicos del Turismo, o Prof. Palermo (1992) apresenta o seguinte conceito de turismo:

> *"Turismo es el conjunto de relaciones y fenómenos producidos por el desplazamento y permanencia de personas fuera de su lugar habitual de residencia, en tanto que dichos desplazamentos no estén motivados por una actividad lucrativa principal, permanente ou temporal."*

Esse conceito peca, principalmente, por excluir toda uma gama de viajantes, que cada vez mais se torna comum e rentável para as cidades que os acolhem, e que tem por móvel de suas viagens o desenvolvimento de atividades profissionais. Na realidade, o objetivo que leva ao deslocamento do viajante pouco interessa à sua inclusão no conceito de turista. O que importa é o resultado econômico que propiciará ao local de destino durante a sua permanência, nele despendendo recursos auferidos em seus locais de origem. Os destinos é que deverão estar convenientemente estruturados para atender aos diversos objetivos perseguidos pelos viajantes, em função da natureza do interesse que justifica a viagem de cada um, oferecendo-lhes uma gama de ocupação que torne sua estada agradável e economicamente rentável para a comunidade que o recebe.

De forma mais objetiva, a Organização Mundial de Turismo (1997), considera na condição de turista, para efeitos de apuração estatística dos fluxos internacionais:

> "A efectos estadísticos, la expresión 'visitante internacional' designa a 'toda persona que viaja, por un período no superior a 12 meses, a un país distinto de aquél en el que tiene su residencia habitual, pero fuera de su entorno habitual, y cuyo motivo principal de la visita no es el de ejercer una actividad que se remunere en el país visitado.'"

"Los visitantes internacionales incluyen:

a) *Turistas (visitantes que pernoctan):* 'un visitante que permanece una noche por lo menos en un medio de alojamiento colectivo o privado en el país visitado'; y

b) *Visitantes del dia (excursionistas):* 'un visitante que no pernocta en un medio de alojamiento colectivo o privado del país visitado.'"

Essa visão mais pragmática limita o conceito de turista apenas pelo caráter temporal da permanência, superior a um dia e inferior a um ano, por considerar, certamente, que a partir dessa duração – 12 meses – a permanência passa a ter caráter definitivo, ocorrendo renda e gastos no mesmo local. As permanências de um dia, que não incluem ao menos um pernoite, dão ao viajante apenas o caráter de excursionista. Tal circunstância ocorre com os participantes de cruzeiros marítimos, cujos navios param nos portos por algumas horas em um dia, oferecendo aos seus passageiros oportunidade de realizar passeios em várias cidades, mas sem nelas pernoitarem, por utilizarem o próprio navio como meio de hospedagem, o qual normalmente se encontra em deslocamento durante as noites. Da mesma forma não será turista, mas excursionista, aquele viajante que se encontrando em visita a uma localidade, se desloca a outra durante o dia para conhecê-la aproveitando sua proximidade, mas retornando para pernoitar na localidade originária onde se encontra hospedado. O conceito colocado pela OMT (1997) evita ainda considerar como turista aquele que se desloca permanentemente para outra localidade onde exerce atividade habitual ali remunerada e em função desta, o que, quase sempre, é de difícil constatação.

A importância do conceito posto pela OMT resulta de considerar o turista principalmente pelos efeitos econômicos de sua estada em um determinado local.

Comentando esses efeitos econômicos, o Prof. Palermo (1992), já antes citado, relaciona os seguintes elementos que condicionam a caracterização econômica do turista:

"desplazamento del lugar de residencia habitual;

gasto de renta previamente obtenida;

consumo de bienes e servicios;

exigencia de ciertas inversiones previas."

Resumindo, pode-se considerar o turista aquele que visita uma certa localidade, nela permanecendo ao menos uma noite (limitação decorrente da necessidade de distingui-lo do excursionista, ainda que possa esse ter importância semelhante para a comunidade que o recebe), utilizando-se de bens e serviços que adquire com recursos trazidos de seu local de origem.

A partir da distinção realizada entre o turista e o excursionista, poderia parecer ter esse último, frente àquele, uma importância irreversivelmente diferenciada para menor. Na realidade, necessariamente tal não acontece, e sua importância, tanto quanto a do turista, dependerá em muito da organização comercial e promocional adequada da comunidade que o recebe, no sentido de obter o melhor proveito econômico e promocional desta permanência, ainda que de curta duração.

As ilhas do Caribe são um exemplo típico de apropriação econômica das levas de excursionistas que diariamente são despejados em seus portos pelos cruzeiros marítimos que saltam de ilha em ilha, seja oferecendo-lhes oportunidades de compras de produtos regionais ou internacionais, esses últimos em áreas reservadas à comercialização com isenção fiscal, seja oferecendo-lhes serviços adequados, tais como passeios de natureza diversa, onde se inclui o conhecimento das peculiaridades de sua natureza e de seu folclore, apresentados de forma planejada para preencher o tempo disponível do excursionista na localidade, seja ainda procurando atraí-lo promocionalmente para um retorno na condição de turista e, conseqüentemente, com uma estada mais prolongada e uma maior apropriação de resultados econômicos. Mais recentemente algumas ilhas do Caribe Oriental – Antígua, Dominica, Granada, St. Kitts, St. Lucia e St. Vincent – criaram uma taxa turística de US$ 1,50 por visitante.

Exemplos também podem ser citados, inversamente, do nenhum ou pouco proveito tirado pela comunidade visitada pelo excursionista, o que invariavelmente leva a uma certa aversão à sua presença pela população local. Nesse caso pode-se referir à relação que existia entre as cidades brasileiras de Recife e João Pessoa, capitais respectivas dos Estados nordestinos de Pernambuco e Paraíba, distantes entre si apenas cento e dezesseis quilômetros. Durante um período razoável de tempo, em torno da década de oitenta, e em decorrência da maior capacidade da estrutura receptiva da cidade do Recife frente à de João Pessoa, que não recebia vôos regulares, nem possuía uma estrutura hoteleira suficiente para o atendimento de um maior volume de turistas, João Pessoa era apresentada como destino para passeios de um dia para o turista que se encontrava fixado no Recife. As autoridades responsáveis pelo turismo local e a própria comunidade paraibana se queixavam enormemente desses passeios, que alegavam deixar para sua capital apenas a visita ao banheiro público existente em uma de suas praças, pois até o almoço do passeio de dia inteiro era realizado em Goiana, cidade fronteiriça em território pernambucano e famosa pelos seus caranguejos amestrados que se apresentavam diariamente aos turistas durante a refeição em um restaurante local.

Esta aversão ao excursionista levou ao desenvolvimento de um sentimento de hostilidade que não ajudou ao incremento de apropriação econômica por não ter sido gerador de pontos de consumo que pudessem reverter o quadro. A partir do momento em que o governo paraibano conscientizou-se da importância do turismo, as excursões passaram a ser melhor aproveitadas, inclusive na promoção do destino que hoje, fruto deste trabalho, desponta de forma autônoma na região, tendo ampliado sua capacidade hoteleira, recebendo vôos regulares e fretados de outras partes do país e do exterior.

Comportamento semelhante ocorreu no Recife, que no ano de 1989, aproveitando a potencialidade paradisíaca do arquipélago de Fernando de Noronha, marco zero da poluição ambiental no mundo, pertencente ao Estado de Pernambuco, do qual é aquela cidade capital, incentivou a exploração de cruzeiros marítimos, partindo de seu porto e visitando aquelas ilhas.

Houve uma reação contrária à realização, pelo governo estadual, dos investimentos necessários à consolidação do Recife como porto de saída de cruzeiros. Tal oposição decorreu da consideração de que o setor não apropriaria benefícios, uma vez que grande parte dos embarques era de pessoas oriundas de outras localidades que chegavam diretamente para o navio, não gerando hospedagem no Recife, onde permaneciam apenas na condição de excursionistas. Tal procedimento levou a que o projeto fosse abandonado. O equívoco que originou tal orientação decorreu de uma visão simplificada do próprio conceito do setor de turismo, limitada no caso ao proveito daqueles que primariamente lidam com o viajante e que têm na hotelaria o seu segmento mais forte.

Na realidade, a própria identificação do turismo como um simples setor da economia é equivocada, e como bem afirmou o Prof. Palermo (1992), no documento que serviu de base ao Seminário promovido pela OMT sobre o Impacto do Turismo na Economia, realizado no Uruguai em 1991:

> "La identificación del turismo con un sector de la economía es equívoca ya que el hecho turístico se proyecta generalmente impactando al conjunto de las ramas de los sistemas economicos (en especial en gran número de sectores de servicios)."

Daí a afirmativa da Secretaria das Nações Unidas para o Comércio e o Desenvolvimento (*apud* Palermo, 1992).

> "No puede elaborarse un concepto formal del sector turístico, pero sí puede concebirse éste, en lineas generales, como el conjunto de las actividades industriales y comerciales que producen bienes y servicios consumidos total o parcialmente por visitantes extranjeros o por turistas nacionales."

No caso da negativa de apoio aos cruzeiros marítimos, saindo do Recife, a posição decorreu da não-consideração de alguns aspectos importantes contidos na noção anteriormente citada:

- do fato de que os cruzeiros, partindo de Recife, levariam certamente a que todo o abastecimento dos navios fosse realizado a partir de compras realizadas no mercado local;
- do fato de que a existência de uma massa de excursionistas na cidade levaria ao fortalecimento das atividades de lazer turístico, que passariam a contar com um contigente acrescido de consumidores de bens e serviços potenciais na cidade, ainda que por curta duração em cada caso, mas que se multiplicariam na medida do incremento das freqüências dos cruzeiros;

- *da oportunidade promocional para vender aos excursionistas a imagem turística da cidade como destino capaz de ocupá-lo por um tempo superior e, como tal, motivá-lo a ampliar a permanência no retorno do cruzeiro, ou mesmo retornar, posteriormente, na condição de turista.*

Os exemplos citados demonstram a importância da correta compreensão do turismo como atividade impulsora da economia, cujo benefício transcende àqueles que se dedicam a atender diretamente ao turista, uma vez que, conforme já afirmado, este nada mais é do que o cidadão eventual de um destino, com necessidades da mesma natureza que os seus cidadãos permanentes, e que são acrescidas pela sua maior disponibilidade de tempo e recursos a despender durante a permanência.

Capítulo 3

Turismo – Casos de Qualidade (Ou Falta Dela...)

3.1 Turismo – A Responsabilidade pela Qualidade

A qualidade nos serviços, correspondente ao quarto e mais importante elemento da estratégia empresarial para a conquista do cliente, conforme visto anteriormente, (item 1.3) no turismo abrange o desempenho dos diversos segmentos que se envolvem operacionalmente com a atividade, seja na dimensão pública ou privada, seja no que concerne ao turismo emissivo ou receptivo.

Essas quatro dimensões operacionais do turismo devem, necessariamente, ser consideradas na busca da melhoria da qualidade dos serviços pelos diversos destinos turísticos, discussão que será objeto do Capítulo 4 deste livro.

Quadro 3 – Dimensões Operacionais do Turismo

SETOR PÚBLICO	TURISMO RECEPTIVO
SETOR PRIVADO	TURISMO EMISSIVO

O turismo receptivo diz respeito ao conjunto de atividades responsáveis pela acolhida dos viajantes nos locais de destino, quer sejam desenvolvidas pelo setor público, quer sejam desenvolvidas pelo setor privado. No primeiro grupo destaca-se a manutenção da infra-estrutura necessária ao desenvolvimento do turismo, segurança, abastecimento d'água, limpeza urbana, sinalização viária, informações, etc.. No segundo grupo estão as atividades empresariais responsáveis pela hospedagem, recepção nos aeroportos, organização e operação de passeios, fornecimento de refeições, exploração de espetáculos artísticos, entre tantos serviços que podem ser adquiridos pelo turista para fruição durante sua permanência no destino.

O turismo emissivo, de responsabilidade exclusiva do setor privado, é composto pelas atividades normalmente desempenhadas pelos agentes de viagem na montagem e organização, no ponto de origem do passageiro, dos roteiros a serem cumpridos e na comercialização dos serviços que irão compor o pacote de viagem e que serão utilizados no destino ou no deslocamento para alcançá-lo. Aí começa toda a cadeia de qualidade do produto turístico, criando-se ou reforçando-se expectativas a serem atendidas na localidade a ser visitada.

Alguns casos ilustrativos da qualidade necessária, nem sempre obtida, no desempenho desses prestadores de serviços, serão apresentados a seguir como forma de provocar uma reflexão prévia à discussão dos processos para obtê-la. Os casos, todos verídicos, propositadamente foram selecionados entre os ocorridos em diversas cidades do mundo, como forma de demonstrar que problemas existem por toda parte, o que longe de representar um consolo deve se constituir em desafio para os que buscam se sobressair no setor.

3.1.1 Abandonado pelo Hotel

Hóspede, em viagem de negócios, de um hotel cinco estrelas na cidade de Lima, eu aguardava uma ligação de meu escritório no Brasil, marcada para a noite, através da qual receberia informações que ainda estavam sendo colhidas e processadas, e seriam necessárias para subsidiar minha participação nas reuniões que teria no dia seguinte.

Coincidentemente, neste dia, o ramal do telefone do meu apartamento amanheceu com defeito, fato que comuniquei, ainda pela manhã, à recepção do hotel, solicitando providências. Ao retornar no final da tarde, após um dia de trabalho, verifiquei que nenhuma providência havia sido tomada e fui informado que àquela hora seria impossível ter o conserto providenciado. A única solução apresentada era trocar de apartamento, o que foi feito. Tive a cautela de, independentemente da ação prometida pela recepcionista de plantão, informar à telefonista sobre o meu novo apartamento e solicitar que, chegando a ligação, fosse transferida corretamente. Não recebi a ligação. No dia seguinte, logo cedo, me comuniquei com meu pessoal que, aflito, ligara como combinado e fora informado que eu abandonara o hotel. Mais correto teria sido informar que o hotel me abandonara.

3.1.2 Despertador Dorminhoco

Em Miami, solicitei certa vez que o serviço do hotel me despertasse numa determinada hora, o que não aconteceu. Desperto pelo senso de tempo que parece nortear o inconsciente das pessoas acostumadas a cumprir agendas e horários, reclamei a falha da recepção, tendo sido informado que a falha seria verificada e corrigida. Só que no caso não mais adiantaria a correção. Desde então, por segurança, me acostumei a programar o despertador de pulso.

3.1.3 A Conta Perdida

Em Cancún, certa vez, ao fechar minha conta na saída do hotel observei que faltava ser incluída uma despesa de jantar feita em um dos restaurantes do estabelecimento. Registrei o fato, tendo o caixa consultado por diversas vezes, a meu pedido, o computador na busca do débito perdido. Após algum tempo de espera fui informado que não tinha motivo para me preocupar, pois, se houvera a conta, certamente tinha sido debitada para outro hóspede e não era possível localizar, pois inexistiam pendências no setor de alimentos e bebidas. Por via das dúvidas e pretendendo evitar futuro constrangimento, deixei o número de meu cartão de crédito e a autorização para debitar a despesa quando aparecesse. Até hoje não recebi notícias. Alguém pagou a minha conta.

3.1.4 A Cobrança Indevida

Diferentemente, aconteceu em Nova Iorque. Era o mês de novembro. Hóspede de um hotel, cuja reserva havia sido feita através de uma operadora turística e pré-paga, deparei-me por ocasião do encerramento da conta de extras com o débito referente ao pagamento das diárias. Como meu transporte para o aeroporto era de responsabilidade da mesma operadora e seu funcionário encarregado do serviço encontrava-se junto de mim, questionei-o pela falta do pagamento. Em face do horário, pois meu avião partia pela madrugada, tornou-se impossível o contato com o escritório, fechado àquela altura. A solução foi deixar um boleto de cartão de crédito assinado em garantia, tendo-me sido assegurado pelo responsável por meu transporte que, ainda pela manhã, o assunto estaria resolvido. Chegando em Washington, meu próximo destino, tomei a cautela de ligar para a operadora que me assegurou que tudo estava resolvido e o cartão assinado já tinha sido inutilizado. Para minha surpresa, em maio do ano seguinte recebo no Brasil, pelo cartão de crédito, o débito das despesas relativas às diárias do hotel, estando registrado que eu estivera ali hospedado no mês de março anterior. Evidentemente não paguei, tive algumas despesas e aborrecimentos até ficar esclarecido que tudo não passara de um *engano* do hotel. Ficou a ressalva ao atendimento da operadora e do hotel, cujos serviços não mais utilizei.

3.1.5 Lâmpadas Apagadas

Em Acapulco, solicitei à manutenção do hotel que consertasse duas lâmpadas que não funcionavam em meu apartamento. Uma na mesa de cabeceira e outra no quebra-luz de pé, que iluminava a escrivaninha do apartamento. Por dois dias o assunto não foi resolvido, em que pese minhas constantes reclamações e as respostas seguidas de que tudo já fora *arreglado*.

Até que descobri o que acontecera quando, por minha insistência, o responsável pelos consertos veio ao apartamento na minha presença. Na mesa de cabeceira, face à dificuldade em consertar o interruptor, fora improvisada uma gambiarra embutida atrás da mesinha e instalado sob a mesma outro comutador. Só que esqueceram de me avisar e eu continuava tentando acender a luz pelo interruptor que não funcionava, agora oficialmente. Com o quebra-luz maior, a providência tomada foi apenas trocar a lâmpada, evidentemente sem testá-la posteriormente, uma vez que o defeito era na tomada que, talvez por um circuito anterior, encontrava-se fundida e desconectada. Só então tudo foi esclarecido, e as luzes, convenientemente acendidas.

3.1.6 Bagunça no Hotel

Em Salvador da Bahia, convidado, na condição de titular de uma agência de viagem, a conhecer um hotel – cinco estrelas badalado – com vistas a comercializá-lo posteriormente, tive a surpresa de ao ser conduzido ao apartamento no final da tarde, encontrá-lo completamente desarrumado e sujo, na forma como o hóspede anterior o deixara. A solução apresentada era esperar até que a limpeza fosse feita, o que deveria demorar um pouco, pois um grande grupo de estrangeiros estava chegando e todas as camareiras estavam ocupadas acomodando-o. Lembrada minha condição de agente de viagem em visita de inspeção ao hotel, outro apartamento me foi destinado, por triste coincidência com algumas lâmpadas queimadas. Nunca vendi hospedagens naquele hotel.

3.1.7 O Gerente Perdido

Em Recife, ainda na condição de agente de viagem, atuando na época com turismo receptivo, levei uma dirigente de operadora internacional a conhecer alguns hotéis que poderiam ser utilizados na hospedagem dos passageiros de seu programa de *charter* que, durante três meses, semanalmente, traria um ou dois aviões da Argentina. Em um dos hotéis, após uma boa conversa com o seu titular, minha amiga operadora manifestou o desejo de bloquear dez apartamentos de primeiro de janeiro a dezesseis de março e pediu, em seguida, para conhecer as instalações.

O dirigente, por sinal o proprietário do estabelecimento, declarando possuir coisas urgentes a tratar, solicitou que seu gerente nos acompanhasse. Para surpresa nossa, o gerente, com as chaves na mão, desconhecia a localização dos apartamentos selecionados para visitação e ao encontrar o primeiro, talvez angustiado pela insegurança demonstrada quanto ao conhecimento da geografia do hotel, foi logo abrindo a porta e adentrando. Surpresa maior foi para o casal de hóspedes que estava na cama. O bloqueio dos apartamentos foi cancelado antes de formalizado.

3.1.8 Promoção Desastrada

Uma operadora norte-americana, sediada na Flórida, convida agentes de viagem de toda a América Latina para conhecer o seu novo produto: um programa de excursão rodoviária a Nova Orleans, saindo de Miami. Na hora aprazada, após o café da manhã, a delegação brasileira se acomoda no ônibus, um dos doze repletos de profissionais, partindo em direção ao destino.

Consumido todo o dia no percurso, chegamos a Nova Orleans no final da tarde. Para surpresa nossa, o motorista não encontra o hotel que nos deveria hospedar. Com muito tempo perdido, descobrimos que o guia do nosso ônibus, tanto quanto seu motorista, não conhecia a cidade, e a solução foi contratar um táxi que nos guiasse até o destino. O incidente, pela perda de tempo acarretada, levou-nos a perder a programação noturna, e a operadora anfitriã a cancelar o programa festivamente lançado. Investimento perdido e imagem comprometida.

3.1.9 O Agente Desinformado

Viajando, na condição de turista, programei umas férias para cruzar os Andes fazendo a travessia pelos lagos existentes entre a Argentina e o Chile. Era minha segunda viagem internacional. O agente de viagem – ainda não possuía minha própria agência –, sempre solícito, programou todo o percurso. Organizou um roteiro que cobria cidades dos dois países e se estendia ainda ao Uruguai. Só que a travessia dos lagos, desde Bariloche até Puerto Montt, foi programada para três dias, tendo me assegurado, quando argumentei considerar o período muito longo, que era o necessário ao deslocamento pela encantadora paisagem.

Chegando em Buenos Aires e ainda desconfiado do serviço que comprara, consultei a operadora local que me atendia, cujo gerente com um sorriso nos lábios perguntou se o agente que me vendera era meu inimigo, pois é suficiente um dia para a travessia e ele tinha incluído duas noites na cidade de Peulla, cuja pobreza de acomodações na época contrastava apenas com a beleza da paisagem do percurso. Permutei as duas noites andinas por uma maior permanência em Buenos Aires e troquei de agente de viagem.

3.1.10 Conflitos na Fronteira

A Rússia, recém-aberta para a democracia, mantém – pelo menos até 1995 mantinha – seus hábitos burocráticos e policiais de controle do turista, prejudicando uma atividade que lhe poderá ser economicamente bem mais proveitosa do que já o é. Ao ingressar, em viagem de turismo, na Bielo-Rússia, país ex-integrante da União das Repúblicas Socialistas Soviéticas, fronteiriço com a Rússia, com a qual mantinha convênio no controle das fronteiras, nosso grupo foi informado da necessidade de preencher um formulário no qual, entre outras coisas, deveríamos declarar o montante de dinheiro possuído por cada um. Na saída do território russo, novo formulário informaria às autoridades quanto portávamos, o que poderia, em ambas as ocasiões, ser verificado através de uma revista nos pertences dos declarantes. Procedimento certamente reminescente do tempo da ditadura comunista e justificado pelo temor da importação de dinheiro para financiar movimentos oposicionistas.

Ocorre que o funcionário da Bielo-Rússia ao circundar o valor declarado em um dos formulários – por coincidência o do guia acompanhante da excursão – carimbando-o devidamente, o fez rasurando o primeiro algarismo, o que não foi percebido ou valorizado na ocasião pelo seu portador. Na saída do território russo, o funcionário de plantão na fronteira não aceitou a rasura, considerando que o guia saía com dez mil dólares a mais do que entrara. Ficamos cinco horas retidos na fronteira, testemunhando as mais estapafúrdias soluções apresentadas para o dinheiro não ser apreendido, que iam desde retornar para o funcionário da Bielo-Rússia corrigir a rasura, até procurar um banco em São Petersburgo para trocar o dinheiro em rublos e de novo em dólar como forma de *legalizá-lo* pelos comprovantes de câmbio bancário. Depois de muita conversa foi permitido que dez passageiros do grupo, a razão de mil dólares para cada um, procedesse à operação bancária no posto de câmbio existente na própria repartição de fronteira. As cinco horas de atraso valeram para o grupo a perda do horário para o jantar contratado em Helsinque, destino seguinte da excursão, e para o destino turístico anterior, a insatisfação de todos, boca a boca, transmitida no regresso ao Brasil.

3.1.11 Briga por um Iogurte

Ainda na Rússia, desta vez em São Petersburgo, nosso grupo de brasileiros foi acomodado em um hotel de luxo, às margens do mar Báltico, onde se encontravam hospedados diversos outros grupos de turistas de várias nacionalidades. Ao ingressarmos no primeiro dia, em face do horário da chegada, passamos diretamente ao restaurante onde foi servido o jantar.

Na sala de refeições, algumas mesas foram reservadas para atendimento ao nosso grupo, tendo sido avisado pela guia bilingüe que todas as refeições durante nossa permanência seriam servidas naquele local. No dia seguinte, pela manhã, dirigimo-nos, eu e minha esposa, para tomar o café da manhã à mesma mesa utilizada na noite anterior. Apareceu então uma senhora, que fazia às vezes de garçonete, gesticulando febrilmente e a nós se dirigindo em russo. Não entendíamos o que ela pretendia, pois não falava inglês, espanhol ou português. Estávamos começando a nos servir dos iogurtes colocados sobre a mesa, juntamente com os demais itens da refeição em porções individuais, à frente de cada cadeira. Subitamente a forte senhora irrompe sobre nós, arrebata de nossas mãos os copinhos de iogurte e, nos tomando pelo braço, literalmente nos empurra para outra mesa, tendo o cuidado de, antes de nos sentarmos nas novas acomodações, retirar os iogurtes existentes nos novos lugares.

Constrangidos com o atendimento e sem os iogurtes, pois os anteriores – tomados de nossas – mãos tinham sido inutilizados, procuramos alguém com quem pudéssemos nos comunicar para reclamar o ocorrido, o que só pôde acontecer com a chegada, atrasada, da guia bilíngüe que nos deveria acompanhar. Só então soubemos que nossa mesa da noite anterior tinha sido naquela manhã reservada, juntamente com outras no restaurante, para atender a um grupo de espanhóis e, como a atendente, apesar de estar servindo a brasileiros e espanhóis, não dominava nenhum idioma além do seu próprio, e nem havia no salão outro funcionário que o fizesse, resolveu utilizar-se da força para se fazer obedecer na recolocação dos clientes.

Para os iogurtes perdidos também havia uma explicação: tendo tomado o que começávamos a consumir, precisava repô-los na mesa que fomos levados a abandonar e, como destruíra os anteriores na ânsia de se fazer entender compulsoriamente, ficamos sem esse item do café da manhã. É que a cozinha distribuía com as atendentes a quantidade certa a ser servida, responsabilizando-as por qualquer desperdício. O que ficou sem explicação foi o motivo da ausência, em um restaurante de hotel que pretende atender grupos de hóspedes estrangeiros, de um *maître,* garçom ou atendente que dominasse pelo menos um idioma capaz de se fazer entender com os clientes, naquele dia em sua maioria ocidentais. Também sem explicação, no caso do iogurte, foi a utilização da prevalência dos sistemas de controle interno sobre o adequado atendimento à clientela.

3.1.12 Câmbio em Bogotá

Chegando ao Aeroporto de Bogotá, cuidava de retirar minha bagagem da esteira rolante, quando fui abordado por um policial militar em serviço, portando uma intimidadora metralhadora, e falando-me, naturalmente, em espanhol. Inicialmente, por estar agachado recolhendo a mala que passava na esteira, entendi apenas que se referia à forma de fazer o câmbio de moeda.

Imediatamente, considerando tratar-se de uma informação sobre os bancos existentes para tal no aeroporto, agradeci e respondi que me dirigiria a um daqueles estabelecimentos para as providências necessárias. Só então tomei conhecimento de que, na realidade, o policial se oferecia para, ele mesmo, fazer o câmbio em condições mais favoráveis do que os bancos oficiais. Não utilizei os seus serviços e me dirigi a um táxi que me conduzisse ao hotel, cujo motorista delicadamente aconselhou-me a travar as portas por causa dos assaltantes. Foi uma péssima primeira impressão do destino.

3.1.13 A Conta Inflacionada

Em Nova Iorque, em um dos melhores restaurantes russos da cidade, ao terminar o jantar solicitei a conta. Para minha estranheza havia uma cobrança a mais de exatos US$ 100,00, o que não foi difícil perceber mesmo numa rápida conferência. Ao chamar o garçom com a conta na mão, antes que fizesse a reclamação, cordial e silenciosamente ele abriu sua carteira de couro e retirou a conta certa substituindo a que antes me entregara. A falta de uma explicação levou-me a supor ter sido a versão norte-americana do famoso *se colar*...

3.1.14 Auto-Serviço não Anunciado

Em Recife, em um hotel de quatro estrelas, o hóspede recém-ingresso solicita à recepção que seja trocado o lençol da cama, uma vez que se encontrava sujo de batom. Após repetidas solicitações sem atendimento e já aborrecido com a falta de atenção, chega um funcionário do estabelecimento à porta do seu quarto, entrega-lhe o lençol solicitado e se retira.

Nova chamada para a recepção em busca de quem fizesse a troca do lençol na cama e, como resposta, a informação de que o hotel estava sem camareira no momento, e que ele mesmo fizesse o serviço. Contrafeito com a resposta, apela para falar com o gerente geral, também ausente no momento. Por coincidência, o hóspede era o dirigente de uma companhia aérea que hospedava naquele hotel sua tripulação. Quando o gerente apareceu, no dia seguinte, já era tarde para o hóspede e para o hotel, que perdeu a tripulação como cliente.

3.1.15 Uísque Chinês

Na cidade de Pequim, em um hotel cinco estrelas, resolvo jantar em um de seus restaurantes. Ao sentar-me à mesa, rodeado por sorridentes garçonetes, solicito uma dose de uísque enquanto escolho o pedido. Chega o *maître* para anotar a solicitação e cobro o meu aperitivo, sendo informado que está sendo providenciado. Por mais duas vezes obtenho a mesma resposta ante a insistência em receber a bebida solicitada. De repente chega a refeição e o vinho escolhidos sem que viesse o uísque. Dirijo-me à garçonete e pergunto o que estava ocorrendo, e novamente a mesma resposta. Informo então que o uísque era para ser tomado antes da refeição. Com surpresa ela repete pausadamente *before!!!* e, ato contínuo, retira da mesa o prato que me acabara de servir e apressadamente retorna cheia de sorrisos e com o aperitivo. Os hábitos ocidentais não haviam chegado àquele hotel.

3.2 Qualidade Existe e Recompensa

Evidentemente que os fatos anteriormente relatados, e muitos outros ainda o poderiam ser, merecem relevo por serem episódios que comprometem a qualidade dos serviços turísticos e comumente são encontrados pelos viajantes por todo o mundo. Exemplos de qualidade nesses serviços, felizmente, também existem. Satisfazem o cliente e recompensam quem os presta.

Iniciando a narrar casos de qualidade, gostaria de demonstrar a satisfação pessoal que decorre de saber-se reconhecido pela qualidade do serviço prestado.

3.2.1 Gratidão Manifestada

Titular de uma agência de viagem, cuja operação se encontrava a cargo de minha esposa, e que trabalhava também com turismo receptivo, tivemos uma grata surpresa. Certa ocasião, participando na cidade do Porto de uma promoção de Pernambuco, objetivando aumentar os fluxos turísticos portugueses para o nosso Estado, surpreendemo-nos, regressando ao apartamento do hotel, após um dia de trabalho, ao encontrar sobre a cama um belo pacote de presente. Aberto o pacote, duas peças de cristal, de profundo bom gosto, surgiram junto a um cartão com dedicatória de uma cliente que fora atendida em Recife pela nossa agência. O cartão informava que, tendo tomado conhecimento de nossa presença naquele hotel, onde a empresa da signatária organizava uma recepção, nos ofertava o presente em gratidão pelo excelente tratamento recebido por nossa agência quando em visita ao Brasil. Evidentemente que o tratamento a que se referia fora eminentemente profissional e por ele fomos pagos pela operadora responsável pela viagem daquela que externava sua gratidão. Acontece que fôramos previamente informados do perfil da cliente, cujos serviços deveriam ser individualizados, podendo por isso mesmo montar uma programação especial de acordo com suas preferências, selecionando um guia capacitado a dar-lhe informações e assistência durante sua permanência. O atendimento excedeu suas expectativas e foi a nossa recompensa e da operadora portuguesa, que nos passou as informações de forma adequada.

3.2.2 Descuido Providencial

Em Buenos Aires deixei ao sair, à noite, do hotel com minha esposa o aparelho de ar-condicionado ligado. Ao retornar pela madrugada, o recepcionista, com ar preocupado, informa-me sobre a ocorrência de um sério problema: um circuito no equipamento ocasionara um pequeno incêndio no apartamento, mas me tranqüilizava dizendo que minha bagagem não sofrera nenhum dano. Desculpava-se pelo incidente e por ter tomado a liberdade de transferir nossos pertences para outro apartamento, desta feita uma suíte master para compensar o incômodo. Esperava que tudo estivesse convenientemente arrumado e se não estivesse, bastaria comunicá-lo que imediatamente mandaria uma camareira nos atender. Ao chegarmos aos novos aposentos não só tudo estava satisfatoriamente arrumado, como ainda encontramos um balde de gelo com uma garrafa de champanhe francês e um cartão da gerência desculpando-se pelo incidente e fazendo votos de uma boa continuidade na permanência.

3.2.3 Perseguindo a Qualidade

Uma cadeia famosa de hotéis nos Estados Unidos processa as solicitações do cliente durante sua permanência, de forma a poder atendê-lo melhor em uma próxima estada, abastecendo o frigobar com suas bebidas preferidas e colocando à disposição no apartamento os itens por acaso solicitados durante sua hospedagem anterior. Grande foi a surpresa de um viajante, retornando para se hospedar no hotel, ao ser informado, ainda na recepção, que já haviam sido providenciados os dois travesseiros que ele costumava utilizar.

3.2.4 A Mão Invertida

Na ilha de Bali, a mão inglesa é um tormento para os turistas que pretendem dirigir e estão acostumados a colocar seus carros à direita nas ruas e sentar ao volante à esquerda do veículo. Numa ocasião, pouco experiente com o trânsito invertido – era a segunda vez que me atrevia a dirigir nessa situação –, conduzi o carro até o distrito turístico de Nusa Dua, onde largas avenidas ligam os diversos e luxuosos hotéis entre si e estes aos centros de lazer e compras ali existentes.

No primeiro cruzamento, confundi-me com a mão invertida e pratiquei uma "barbeiragem". Imediatamente fui abordado por um guarda de um batalhão especial para atendimento aos turistas que, gentilmente, perguntou-me de onde eu era e para onde desejava ir, indicando-me o lado correto da rodovia em que devia transitar e a direção para o Centro de Convenções, onde se realizava uma assembléia da Organização Mundial de Turismo. Mais tarde, no mesmo dia, e, por coincidência, no mesmo cruzamento, outro erro de direção e o mesmo guarda se aproxima. Já me conhecendo, perguntou-me se estava gostando do passeio e para onde desejava seguir naquele momento. Falei o nome de uma praia que me fora recomendada e imediatamente um companheiro do guarda, dirigindo uma lambreta, foi requisitado para me conduzir até o destino procurado, um pouco distante do local em que nos encontrávamos. A gorjeta oferecida pelo serviço prestado não foi aceita.

3.2.5 Bon Bini

Em Aruba as placas dos carros possuem a inscrição "Bon Bini", bem-vindo em papiamento, o idioma local, e o turista encontra sempre, mesmo quando erra, um policial solícito a lhe prestar orientação.

3.2.6 O Passaporte Esquecido

Uma ocasião, em Cuba, quando se iniciava na ilha a abertura para o turismo, procurei alugar um carro na recepção do hotel em que me encontrava. Como era noite, fui orientado a procurar a loja da locadora oficial no centro da cidade, que permanecia aberta até mais tarde.

Lá chegando escolhi o veículo, o contrato foi preenchido e meu passaporte, solicitado. Esquecera-me do mesmo no hotel, e o funcionário, gentilmente, afirmou não haver nenhum problema, desde que eu me comprometesse a trazê-lo no dia seguinte para as devidas anotações. Foi excelente a impressão, frente à expectativa de um Estado policialesco, que o atendimento ao turista, nessa e em outras situações, me causou.

Minha agência que àquele tempo começara a representar comercialmente, no Nordeste, os programas de *charter* do Brasil para a ilha, a partir daí vendeu bastante, tendo como principal estímulo às vendas as boas experiências turísticas vivenciadas naquela visita.

3.2.7 Furacão no Atlântico

Em setembro de 1995, a bordo do Queen Elizabeth 2 na travessia do Atlântico de Southampton para Nova Iorque, recebemos do comandante o aviso de que nos encontrávamos na rota do furacão Willy, que devastara algumas ilhas do Caribe e se dirigia para o norte. Deveríamos cruzar com ele naquela noite, e a mensagem procurava tranqüilizar os passageiros, informando sobre o que deveria acontecer ao longo do dia: restrição aos passeios pelo convés com suspensão do uso das piscinas, em face dos ventos que alcançariam altas velocidades, e manutenção de todas as demais atividades recreativas a bordo.

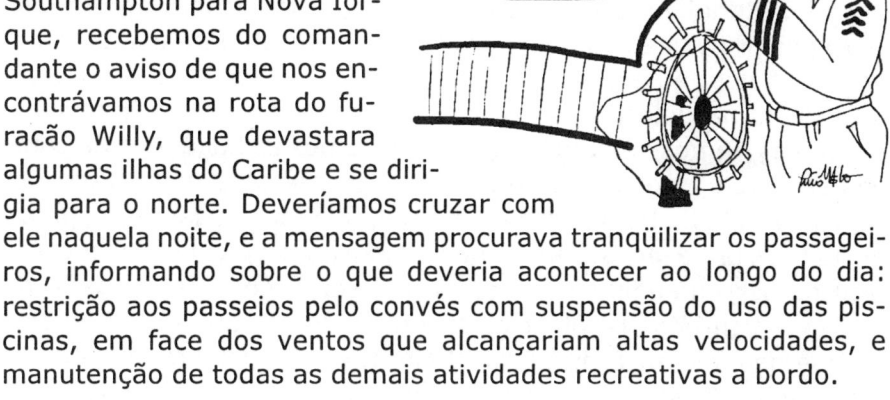

O momento de maior impacto estava previsto para meia-noite e a partir da tarde o navio começaria a balançar um pouco. A cada duas horas, novo boletim era transmitido, dando conhecimento aos passageiros do que estava se passando.

À noite, o jantar e os espetáculos noturnos, como de resto todas as demais atividades de bordo, transcorreram normalmente em que pese o início do anunciado balanço do navio. Às 23 horas mais um comunicado avisa a suspensão do *buffet* da meia-noite, a manutenção das demais atividades de bordo e que começaríamos a atravessar a fase mais crítica do encontro com o furacão. Os passageiros começaram a se recolher normalmente, vencendo, com a ajuda dos corrimões, a inclinação e o balanço no caminho para os camarotes. No dia seguinte, depois de muito balanço no navio, tomamos conhecimento que este enfrentara ventos de 150 km por hora e diversas ondas, entre as quais uma que excedera aos 27m de altura.

Graças às informações transmitidas oportunamente não houve pânico entre os passageiros. As pessoas passaram normalmente o dia, usufruindo os excelentes serviços do navio, e não ocorreu nenhum acidente a bordo envolvendo qualquer dos passageiros ou tripulantes em função da tormenta enfrentada. No dia seguinte, cada um recebeu em seu camarote um certificado de participação na histórica travessia com os dados do furacão enfrentado. De lembrança ficaram, além do diploma de sobrevivente, uma história com gosto de aventura para contar e as referências elogiosas ao desempenho do comandante do navio.

3.2.8 Mesma Cultura, Desempenhos Diferentes

Em Honolulu, tendo desembarcado, pela manhã, de um cruzeiro pelo Hawaii e com vôo para Miami marcado para as 16 horas, pretendíamos, eu e minha família, aproveitar aquela parte do dia usufruindo da beleza daquela ilha tropical. Objetivando nos livrar das malas, fomos ao aeroporto, despachamos as bagagens na companhia aérea e corremos para tomar um táxi que nos levasse ao centro da cidade. Para nossa frustração, quando chegamos ao ponto de táxi da área de desembarque, inexistiam veículos, o que era fácil de ser entendido por aquela não ser a hora de chegada de aviões. Procurando resolver o assunto subimos para a área de embarque na esperança de pegar algum táxi, em viagem de retorno. Dito e feito. Desembarcado o passageiro que chegava ao aeroporto, perguntei se o carro estava disponível, tendo o motorista me respondido que iria *pedir autorização* para nos conduzir, dirigindo-se de imediato a uma dupla de policiais que se encontrava nas imediações. Após conversar com os agentes da segurança, estes, um homem e uma mulher, vieram em minha direção. A mulher policial tomou a iniciativa de me repreender, uma vez que pela legislação local o taxista apanhar um passageiro na área de embarque do aeroporto é ilegal. Tentei explicar a inexistência de outros veículos na área de desembarque, mas a policial não aparentava interesse em me escutar. Foi nesse momento que seu companheiro tomou a iniciativa, perguntou minha nacionalidade e se estava aproveitando a permanência no Hawaii. Convidou-nos então a acompanhá-lo, pois iria resolver o problema do nosso táxi. Desceu conosco para a área de desembarque do aeroporto, chamou um táxi pelo seu equipamento de rádio, informou ao motorista o nosso destino e nos desejou um agradável proveito daquele dia na cidade.

O exemplo mostra como pessoas diferentes, pela compreensão de seus papéis, reagem diversamente a uma mesma cultura organizacional: uns buscam a eficiência e outros conseguem obter a eficácia. Ficou a boa imagem do destino e do desempenho daquele policial em uma cidade eminentemente turística.

3.2.9 O Passaporte Perdido

Em Nova Orleans, hóspede de um hotel próximo ao aeroporto e distante do centro da cidade, tive um companheiro de viagem com o passaporte perdido. Ao regressar ao hotel à noite, deu-se conta de encontrar-se sem o precioso documento para viajantes. Procurou relembrar onde estivera e como o perdera, mas não conseguiu atinar como encontrá-lo. Resolveu, então, em face do horário avançado, deixar para o dia seguinte a solução do problema. Não foi necessário. Logo cedo, o táxi que o transportara chegou ao hotel, e seu motorista deixou na recepção o passaporte esquecido no banco do veículo, não tendo esperado para reclamar o custo da nova corrida que tivera de fazer para entregar o documento. A imagem da cidade cresceu frente a todos os que tomaram conhecimento do ocorrido.

Capítulo 4

A Qualidade no Turismo

4.1 Definindo a Qualidade

A busca da qualidade nos serviços turísticos pressupõe o conhecimento do seu conceito genérico e sua aplicação ao setor de serviços. Só então é possível aplicar essas noções às peculiaridades próprias da perseguição da qualidade por um determinado destino turístico.

Tradicionalmente se considerava a qualidade como o atendimento aos padrões internos definidos pela organização para o produto. A partir dessa concepção, o desempenho organizacional é avaliado em função da consonância entre o que é produzido e suas especificações, cabendo ao departamento de marketing colocar esse produto no mercado, seduzindo a clientela para o seu consumo. A equalização dos processos produtivos, decorrente da maior disponibilidade global do conhecimento, que leva empresas concorrentes a atingirem padrões técnicos semelhantes, amplia esse conceito interno de qualidade, introduzindo o que se pode chamar de conceito externo de qualidade e que diz respeito à interação entre o cliente e a empresa na satisfação das necessidades daquele. A qualidade dos bens ou serviços gerados não é mais apenas aquela definida pela ótica de quem produz, mas fundamentalmente determinada pela percepção do cliente, o que, mesmo quando se refere à aquisição de bens, envolve o atendimento durante e após a venda. Dessa forma, a plenitude da satisfação se amplia da simples adequação do produto (bem ou serviço) à utilização a que se destina, para a avaliação da qualidade da relação entre a empresa e o cliente, iniciada com aquela aquisição, ou mesmo anteriormente.

Por isso mesmo, diferenciais de atendimento precisam ser criados, no sentido de influenciar o comportamento da clientela na escolha do fornecedor dos bens ou serviços que necessita adquirir. Esse fato eleva a importância dos serviços voltados a disponibilizar o produto para o consumidor e garantir-lhe a funcionalidade após o ato da compra, além de desviar o foco da importância da eficiência interna, que sempre deverá ser mantida, para a eficiência externa que diz respeito ao atendimento das expectativas do cliente. Ao procurar adquirir um automóvel, frente às múltiplas e similares ofertas de desempenho, racionalidade, segurança, conforto e preço, proporcionadas pelas diversas marcas, o cliente tende a adquirir o produto que lhe ofereça uma melhor imagem na fase da pré-compra, um melhor atendimento na fase da compra e uma maior segurança de garantia de funcionamento e possibilidade de manutenção na pós-compra. Tal fato eleva o nível de interação entre a empresa e sua clientela, integrando todo o conjunto de trabalhadores, seja os de linha de frente seja os de retaguarda, no ato de atender ao cliente.

Se isso é verdade para a comercialização de produtos físicos (bens), destacando a importância dos serviços de atendimento ao cliente na fase posterior à sua fabricação – atendimento de venda e de posterior manutenção –, com muito maior razão essa importância se acentua na prestação de serviços, que confunde, integrando-os, os momentos da atividade produtiva com o próprio atendimento ao cliente, tornando-o de certa maneira parte do processo de produção. Na relação de atendimento de um passageiro potencial, o agente de viagem desnuda para ele seu processo produtivo, incorporando-o a essa atividade, uma vez que sem sua participação tornar-se-á impossível elaborar um roteiro de viagem ou definir horários de vôos, compatibilizando as disponibilidades das companhias aéreas com suas preferências e conveniências.

Disso resulta ser muito mais crucial para o setor de serviços a responsabilidade da produção com o atendimento à clientela, pois as falhas ocorridas na construção do produto – no caso serviços – não permitirão correções prévias à sua entrega, sem que o cliente perceba a ocorrência defeituosa, comprometedora da imagem do prestador do serviço. O desconhecimento, por este, do produto desejado pelo comprador – um cruzeiro marítimo ou uma excursão específica, no caso do agente de viagem – e a dificuldade em identificar as alternativas aptas a atender os desejos do cliente potencial são de imediato percebidos, afetando negativamente a relação de compra e certamente empurrando o cliente na direção de um fornecedor mais capacitado.

O mesmo acontece com o restaurante que não permite o acesso do usuário à sua cozinha, a apresenta mal em termos de higiene e organização ou deixa sujo os seus banheiros. O comprometimento da imagem do estabelecimento e da qualidade dos serviços a serem adquiridos é imediato, por serem esses itens, integrantes do processo produtivo, expostos ao cliente na própria fase de apresentação e comercialização do produto.

Por essas razões é que a atenção com a qualidade do produto e do atendimento, que se confundem e se integram na prestação de serviços, na gestão das atividades turísticas, se manifesta da maior importância, independentemente de se tratar o prestador de serviço de uma entidade pública ou privada, de uma empresa voltada para o turismo emissivo ou receptivo.

A identificação da clientela a ser atingida torna-se importante não apenas por constituir um mercado a ser conquistado por uma ação do departamento comercial. Mas também, e fundamentalmente, em função de que a definição da qualidade dos serviços pretendidos pela organização deve corresponder às expectativas do adquirente, que passa a definir os padrões de desempenho necessários à organização.

Essa é a grande diferença conceitual que influencia a prática da gestão da qualidade. A qualidade a ser oferecida deixa de corresponder àquela percebida como suficiente pelo prestador do serviço, mas deve se adaptar às percepções e expectativas do cliente. Um exemplo claro dessa diferença de percepções, em nível do atendimento ao turista pelo setor público, encontra-se diariamente na grande maioria das cidades do mundo, onde toda a sinalização urbana é construída a partir das expectativas de quem a produz e indica nomes de ruas e bairros a serem encontrados, o que exige o conhecimento prévio pelo transeunte da denominação dos logradouros integrantes dos roteiros a serem seguidos para encontrar o destino perseguido, quando na realidade o turista, desconhecendo essa nomenclatura, deseja chegar aos monumentos importantes daquela cidade.

Algumas localidades já se aperceberam dessa necessidade de atendimento ao cliente – turista em visita à cidade –, que cada vez mais utiliza veículos alugados ou cumpre roteiros a pé, em permanências cuja duração não lhe permite memorizar o nome de bairros e ruas. Exemplos positivos podem ser encontrados: em Granada, na Espanha, cuja sinalização é primorosa, conduzindo, de qualquer ponto da cidade, o visitante para conhecer suas principais atrações turísticas; em Miami onde foram criados os roteiros do sol indicando ao turista por onde seguir para chegar aos hotéis, praias, locadoras de veículos e aeroporto; ou Paris, que permite ao visitante cumprir roteiros a pé sem risco de não chegar aos locais pretendidos.

O mesmo ocorre, com efeitos mais dramáticos – a perda do cliente –, com o prestador de serviços no setor privado, que tem naquele a sua razão de existir. Imagine-se uma agência de viagem que recebe um pedido de reserva para uma viagem aérea e, não obtendo lugar no vôo pretendido por encontrar-se lotado, deixa de oferecer alternativas, não percebendo que o cliente necessita, sobretudo, chegar ao destino, e a escolha do vôo reflete apenas uma preferência ou atende a uma conveniência menor que a necessidade do deslocamento. O concorrente mais ágil, e igualmente solicitado, poderá providenciar a reserva alternativa, garantindo o deslocamento do cliente, enquanto aguarda o surgimento de um possível lugar no vôo pretendido. Certamente o viajante terá sua expectativa melhor atendida por quem lhe proporcionou a possibilidade de chegar ao destino dentro das alternativas disponíveis.

A ótica da qualidade, a partir do atendimento das expectativas do cliente, exige a necessidade de superação de paradigmas organizacionais e comportamentais. Isso, principalmente, no que diz respeito à prestação de serviços, no sentido de que sobreleva a importância do desempenho do pessoal de frente, transformando-o de vendedores ou atendentes em agentes do *marketing* empresarial. Como tais, serão capazes de perceber as necessidades e expectativas do cliente e atendê-las, convenientemente, sem comprometer as especificações do produto e a rentabilidade empresarial.

A definição da qualidade envolve, pois, as noções de:
- *atendimento às especificações do produto (bem ou serviço);*
- *atendimento às expectativas do cliente;*
- *atendimento às necessidades de rentabilidade empresarial.*

O mínimo que se pode esperar na aquisição de um produto é que o mesmo *atenda às especificações* definidas, as quais devem garantir a satisfação das necessidades que se destina suprir e que motivaram sua aquisição. Torna-se necessário, neste nível, que as especificações do produto ofertado sejam claras e estejam disponíveis ao conhecimento dos adquirentes.

Cada vez mais as legislações dos diversos países obrigam que os produtos comercializados tragam, em suas embalagens ou folhetos explicativos, as especificações técnicas e condições de garantia de funcionamento a eles referentes, de forma a permitir ao adquirente o prévio conhecimento das condições de operação daquilo que está adquirindo.

No que diz respeito aos serviços, é de fundamental importância o conhecimento prévio pelo cliente das especificações daquilo que vai consumir. Dessa forma se evitará que uma pessoa, ao procurar se alimentar em um restaurante de serviço tradicional, ingresse em um estabelecimento de auto-serviço, onde terá de realizar, ela própria, as tarefas destinadas naquele ao garçom. A falta de informação sobre a natureza e forma da prestação de serviço poderá acarretar sérios inconvenientes na relação empresa-cliente, mesmo quando aquela atende plenamente às especificações do serviço que oferece.

Atender às especificações, pressuposto da atividade de todos os que continuam existindo em um mercado competitivo, entretanto, não é suficiente para a obtenção do diferencial de qualidade capaz de seduzir o mercado. Mais do que fazer o consumidor conhecer as especificações e adequar suas pretensões às disponibilidades dos produtos existentes, torna-se necessário ao fabricante, comerciante ou prestador de serviços, identificar as necessidades do consumidor, adequando a essas o seu produto.

O **atendimento das expectativas do cliente** pode ocorrer em quatro níveis diferentes, situando-se abaixo, de acordo, acima ou muito acima da expectativa e gerando reações diferentes em cada caso, conforme demonstrado no Quadro 4.

Quadro 4 – Demonstrativo das Relações entre os Níveis Qualitativos de Atendimento e Possíveis Reações do Cliente

NÍVEL DE ATENDIMENTO	REAÇÃO DO CLIENTE
abaixo da expectativa	insatisfeito
de acordo com a expectativa	satisfeito
acima da expectativa	surpreendido positivamente
muito acima da expectativa	relativamente indiferente ao valor agregado a partir do nível anterior

À medida que, pela tendência à universalização do atendimento às especificações técnicas dos produtos e obtenção de padrões de custos similares, o diferencial de qualidade passa a ser elemento fundamental na captação e manutenção do cliente, não se pode conceber nenhum atendimento que se posicione aquém do esperado, cuja resultante irremediável será a insatisfação do consumidor e conseqüente busca de alternativa para saciedade de suas necessidades. Mesmo o simples atendimento de suas expectativas poderá não ser suficiente, tornando-se necessário excedê-las como garantia de sua permanência e fidelidade. Contudo, é necessário que não se comprometam os níveis de *rentabilidade empresarial* fundamentais à sobrevivência organizacional, ainda mais quando a agregação de valor de qualidade muito acima da expectativa do cliente, a partir de um determinado nível, poderá não ser percebida como elemento diferencial relevante, conforme apresentado no Quadro 4.

Tive oportunidade de, na condição de consultor, conhecer uma construtora que, apesar da excelente imagem que possuía no mercado, se encontrava em crise financeira sem que fosse detectada a razão do problema. Na realidade, o desejo de construir o melhor possível, dentro de uma ótica internamente defeituosa e irresponsável, fazia com que, no momento da execução das obras, as especificações contratadas fossem sempre excedidas em nome da consecução de um padrão de qualidade superior. Quase sempre o preço contratado não permitia tal procedimento, sendo os custos excedentes absorvidos pelo giro financeiro gerado pelas obras consecutivas contratadas, o que evidentemente ampliava cada vez mais o prejuízo, empurrando a construtora irreversivelmente para a insolvência.

É importante que se tenha sempre em mente que a gestão da qualidade, se por um lado busca atender e até superar às expectativas do cliente, por outro não pode comprometer a saúde organizacional, pois o adequado atendimento da clientela é perseguido como forma de permitir a existência e sobrevivência saudável da organização. É bom que se registre, no entanto, que, necessariamente, a elevação dos padrões de qualidade, quando adequadamente conduzida, não acarreta acréscimos de custos, mas configura um investimento capaz de ocasionar um retorno financeiro de médio prazo altamente compensador, decorrente da mudança de atitudes da equipe em benefício da melhoria do desempenho da organização, proporcionando-lhe ganhos de eficiência.

4.2 A Cultura da Qualidade

Nos sistemas sociais, as ações são orientadas por decisões tomadas a partir de valores aceitos pelos seus integrantes e que tornam legítimos e previsíveis os comportamentos. Esses valores, decorrentes das crenças comuns, constituem o que normalmente se chama de cultura e que nas organizações orienta as relações entre os participantes que produzem bens e serviços e entre esses e a clientela.

Christian Grönroos (1995), em seu livro *Marketing, gerenciamento e serviços*, se refere à cultura empresarial afirmando ser o

> "padrão de valores e crenças compartilhados que dotam os membros de uma organização com um significado e fornecem-lhes as regras de comportamento na organização".

Evidentemente que essa cultura é fortemente influenciada pelos padrões da sociedade na qual a organização se insere. Internamente, por outro lado, é definida pelos seus dirigentes, através de decisões valorativas, que podem inclusive se antecipar a modificações ambientais ainda não ocorridas e, por isso mesmo, contribuir para sua evolução. Sendo assim, os dirigentes capitalizarão para si os resultados da inovação, ainda que, em alguns casos, corram os riscos do pioneirismo. Observe-se que os estudos das tendências e as pesquisas sobre a aceitabilidade de novas práticas e produtos, diminuindo o arbítrio das decisões e incorporando-lhes mais elementos fáticos, reduz consideravelmente esses riscos, possibilitando maior segurança na superação da obsolescência de comportamentos e da inadequação ao padrão de atendimento demandado pela clientela.

A cultura organizacional, sedimentando valores e a partir daí orientando comportamentos, torna-se também um forte elemento obstativo de mudanças. Daí porque qualquer trabalho, no sentido de incorporar a qualidade como objetivo final de uma organização, necessita conhecer sua realidade cultural, identificar a necessidade de alterá-la e compor uma estratégia de atuação no sentido desejado.

Considerando-se que a consecução da qualidade, notadamente na área de serviços em que se insere o turismo, depende fundamentalmente do pessoal de frente que atende diretamente ao cliente e constrói simultaneamente o produto organizacional, nada poderá ser obtido se inexistir uma forte cultura voltada para a qualidade do atendimento. Isso porque, cada vez mais, esse pessoal será demandado a tomar, por delegação, decisões de maior conteúdo valorativo em face das novas situações que se apresentam no cotidiano. A segurança de que essas decisões estarão em conformidade com a orientação gerencial só poderá ocorrer na medida em que se respaldem, mais do que em normas incapazes de prever as diversas situações que se apresentam a cada momento, em comportamentos e atitudes inspiradoras que reflitam uma cultura fortemente voltada para a qualidade do atendimento. Essa realidade cultural pressupõe um comprometimento gerencial com os valores que a orientam e que se manifestam em comportamentos exemplificadores, em uma estratégia de atuação empresarial conforme os princípios por ela proclamados e em um sistema de delegação decisória e em recompensas que estimulem, por parte dos empregados, as práticas que os operacionalizem, tornando-os realidade.

Uma pesquisa realizada pelos professores James Collins e Jerry I. Porras (1995) procurou identificar em dezoito empresas, fundadas antes de 1950 e de liderança incontestável em seus respectivos setores de atividade, motivos comuns justificadores do sucesso continuado. A existência de uma ideologia central, inspiradora da cultura organizacional, foi o ponto mais relevante comum a essas empresas. Essas ideologias, corporificando os princípios que norteiam o desempenho de cada uma, destacavam a importância da missão empresarial no que diz respeito ao atendimento de sua clientela, colocando-a até mesmo sobre a busca da lucratividade. A obtenção dos resultados financeiros não é vista por essas empresas como a razão de ser de sua existência, mas como condição necessária à realização de sua missão.

Três afirmativas, constantes do trabalho, esclarecem essa relação entre a necessária busca da lucratividade e a importância do sentimento de missão que deve integrar a cultura organizacional, identificada pelos autores como ideologia empresarial:

"A LUCRATIVIDADE é uma condição necessária para a existência e um meio de se atingir objetivos mais importantes, mas não é o objetivo em si para muitas das empresas visionárias. Os lucros são o que o oxigênio, a comida, a água e o sangue representam para o corpo; eles não são o sentido da vida, mas sem eles não há vida" (Collins, Porras, 1995).

"EMPRESAS VISIONÁRIAS como a Motorola não aceitam escolher entre viver segundo seus valores ou ser pragmáticas; elas consideram um desafio encontrar soluções pragmáticas e agir de acordo com seus valores centrais" (Collins, Porras, 1995).

"Em suma, nós não encontramos um conteúdo ideológico específico essencial para que uma empresa seja visionária. Nossas pesquisas indicam que a autenticidade da ideologia e a coerência da empresa com relação a esta ideologia contam mais do que o conteúdo da ideologia" (Collins, Porras, 1995).

É importante verificar que, apesar da última afirmativa, catorze entre as dezoito empresas identificadas como visionárias possuem em suas ideologias centrais referências à necessidade da qualidade no atendimento ao cliente, conforme pode ser visto no Quadro 5.

Nesse ponto, vale ressaltar que qualquer organização possui uma cultura que orienta as ações de seus participantes. A grande diferença é se essa cultura decorre de uma ação planejada, condizente com os objetivos que pretende atingir, conforme observado nas empresas anteriormente analisadas, ou se, simplesmente, nasceu das relações informais que se estabeleceram entre as pessoas que a constituem. Nesse último caso haverá uma grande dificuldade em se identificar o sentido próprio da organização na formulação de objetivos duradouros que correspondam aos seus reais interesses, necessariamente não coincidentes com as motivações de

Quadro 5 – A Qualidade na Ideologia Central das Empresas Definidas por James Collins e Jerry Porras como Visionárias

Empresa	Ano de criação	Referência à qualidade na formulação da ideologia
3 M	1902	Qualidade e confiabilidade do produto
American Express	1850	Atendimento heróico ao cliente Confiabilidade dos serviços no mundo inteiro
Boeing	1915	Segurança e Qualidade dos produtos
General Eletric	1892	Melhorar a qualidade de vida através da tecnologia e da inovação Equilíbrio interdependente entre responsabilidade com os clientes, os funcionários, a sociedade e os acionistas (não existe uma hierarquia clara)
Hewlett Packard	1937	Qualidade por um preço acessível para os cliente da HP
IBM	1911	Usar o tempo que for necessário para deixar os clientes felizes
Johnson & Johnson	1886	A empresa existe para aliviar a dor e a doença Nós temos uma hierarquia de responsabilidades perante os clientes em primeiro lugar, os funcionários em segundo lugar, a sociedade como um todo em terceiro lugar e os acionistas em quarto lugar
Marriot	1927	Serviços cordiais e valor excelente (os clientes são visitas) "fazer com que as pessoas que estão longe de casa sintam que estão entre amigos e que são queridas"
Merck	1891	Nosso negócio é preservar e melhorar a vida do ser humano, todas as nossas ações têm que ser medidas pelo nosso êxito com respeito a esta meta Excelência inequívoca em todos os aspectos da empresa
Motorola	1928	A empresa existe para servir à comunidade de forma honorável, fornecendo produtos e serviços de qualidade superior por um preço justo Melhoria contínua de tudo que a empresa faz – em termos de idéias, qualidade e satisfação do cliente
Nordstrom	1901	Satisfação do cliente acima de tudo
Procter e Gamble	1837	Excelência de produtos
Wal Mart	1945	Nós existimos para fornecer valor aos nossos clientes – tornar suas vidas melhores através de preços mais baixos e mais opções: tudo o mais é secundário
Walt Disney	1923	Levar felicidade a milhões de pessoas e celebrar, alimentar e divulgar valores norte-americanos sadios

Fonte: COLLINS, James, PORRAS, Jerry I. **Feitas para durar**: práticas bem sucedidas de **empresas visionárias**. Rio de Janeiro: Rocco, 1995. 408 p.

seus integrantes. Daí a necessidade de estabelecimento de uma base cultural que forje o comportamento de todos na organização da direção pretendida e o sucesso daquelas entidades que a possuem.

A importância do pessoal de frente na busca da qualidade na prestação de serviços não pode ser considerada sem que se tenha em mente que as ações aí desenvolvidas dependem, para se concretizar plenamente, da participação de outras pessoas que se encontram na retaguarda ou acima da escala hierárquica, formando uma cadeia de ações de que deve resultar a satisfação do cliente. Assim, o garçom, em um restaurante, depende do cozinheiro ou do *barman*. Esses, por sua vez, estão sujeitos às decisões dos responsáveis pelo suprimento dos produtos necessários à elaboração dos pratos e coquetéis constantes do cardápio. Todos se subordinam à orientação de seus superiores, corporificada nas decisões que estimularão a melhoria de desempenho.

A cultura organizacional, voltada para a qualidade, estimulará todos os colaboradores de uma empresa a participarem da cadeia de excelência que resultará, pela complementariedade das diversas ações, na satisfação do cliente, incentivando a maior voluntariedade das participações e fornecendo uma base comportamental para a solução dos conflitos e dúvidas que venham a surgir.

Conhecida empresa aérea regional brasileira elegeu a qualidade do atendimento como o principal elemento diferencial de seu desempenho frente à concorrência. Para tanto, criou uma cultura organizacional que se manifesta desde o salão privativo montado no aeroporto de São Paulo, em que os passageiros são brindados com um excelente *buffet* de iguarias condizentes com os horários de seus vôos, com uma diversificada coleção de jornais e revistas a serem consultados ao som de um piano, enquanto esperam a hora do embarque, até o desempenho de cada funcionário de frente que faz questão de se mostrar solícito no atendimento e apto a resolver as questões que lhe são postas e dizem respeito ao desempenho organizacional. Essa prática é reforçada, fato que tive ocasião de testemunhar por diversas vezes, pela presença na pista de embarque, pelo menos durante a saída dos primeiros vôos, do presidente da empresa, que atende aos passageiros, coletando junto com o seu pessoal os cartões de embarque, desejando-lhes boa viagem e com eles conversando sobre o atendimento de sua empresa. Conta-se mesmo que numa ocasião em que uma funcionária de frente, atendendo a um cliente insatisfeito, decidiu fretar um pequeno avião para transportar uma encomenda urgente, por lapso não embarcada oportunamente e na forma prevista no vôo regular da companhia, sua reação foi de, publicamente, parabenizá-la pela iniciativa, ainda que recomendando cautela na adoção de decisões dessa natureza.

Desejar um comportamento organizacional voltado para a qualidade implica partilhar com todos os integrantes da organização, valores e crenças sobre sua missão, sobre a noção da qualidade pretendida, sobre seu produto e sobre a natureza e expectativas da clientela.

Observe-se que a existência de uma cultura organizacional forte no sentido da qualidade do atendimento torna-se tão mais importante na medida em que se observa que a linha de frente, onde a prestação do serviço efetivamente ocorre, é o lugar em que se apresenta normalmente, ainda que de forma indesejável, o maior índice de rotatividade de trabalhadores, seja em função de promoções que os levam para o trabalho de retaguarda, seja por força de demissões por conflitos de papel ou mesmo em função da busca de melhores oportunidades no mercado de trabalho. A absorção dos novos empregados, admitidos em substituição aos que se ausentaram, ou decorrente da ampliação de quadro funcional, exige a adequação de seus comportamentos aos padrões culturais da organização, o que ocorrerá tão facilmente quanto mais forte for essa realidade. Os que chegam, além de desconhecerem os padrões de desempenho da nova realidade em que se inserem, trazem consigo valores e normas de procedimento condizentes com o local de onde se originaram e que necessariamente não correspondem à realidade que passam a integrar.

Essa adequação a uma cultura de qualidade exige, antes do desenvolvimento de programas de treinamento, um processo educativo que torne as pessoas sensíveis às normas de procedimento, pela compreensão de sua natureza e convicção de sua necessidade, capacitando-as a preencher as lacunas regimentais em benefício da missão compreendida de bem atender ao cliente.

Tive ocasião de conhecer, na cidade de Salvador da Bahia, o programa de qualidade no atendimento de um hospital, dos mais conceituados no Brasil, que envolvia a participação de seus funcionários em programas culturais disponíveis na cidade (peças teatrais, espetáculos musicais, palestras sobre assuntos de interesse social, etc.), assistindo-os para posterior debate no ambiente de trabalho. O mesmo era feito, também, com a leitura de romances e livros de poesias. Tais procedimentos objetivavam, de forma combinada com um satisfatório sistema de remuneração e treinamento profissional, proporcionar uma cultura humanística ao seu corpo funcional que o tornasse apto a melhor compreender a função do estabelecimento hospitalar e a natureza da relação que desenvolvia com seus clientes. Os resultados eram visivelmente satisfatórios.

Para tanto, torna-se necessária uma estrutura de comunicações formais que permita que os princípios orientadores e exemplos fortalecedores da cultura voltada para a qualidade fluam de forma clara e oportuna, como modo de informar a todos os participantes sobre o comportamento esperado de cada um, direcionando, inclusive, os canais informais de comunicação, fruto da dinâmica das relações interpessoais, para a consecução dos objetivos pretendidos. Dessa forma, atendidas as expectativas que motivaram o ingresso desses participantes na organização, as situações conflitivas serão reduzidas pela existência de um direcionamento orientador da forma de resolver as situações não previstas em regulamento e que possam afetar o desempenho voltado para a qualidade.

4.3 A Qualidade no Turismo

Tanto quanto numa empresa, um destino que elege o turismo como prioridade de desenvolvimento, para ter sucesso na captação e atendimento dos turistas, necessita ter suas ações respaldadas numa cultura comunitária que torne desejável a presença dos visitantes e mobilize os cidadãos para o seu melhor atendimento, criando oportunidades de consumo e tornando agradável sua permanência. O grande exemplo internacional de desagrado com a presença do turista pelos habitantes locais é encontrado por parte dos parisienses, na França, contraditoriamente país situado, segundo a OMT (ver tabela 4), em primeiro lugar entre os que recebem maior número de turistas por ano, ainda que não obtenha desempenho similar na consecução de uma receita compatível, frente a outros destinos que recebem menor número de visitantes. Mesmo com essa realidade de êxito, o governo francês iniciou uma campanha de conscientização da comunidade sobre a importância da atividade e do bom atendimento ao turista, objetivando reverter essa imagem, introduzir na cultura comunitária a hospitalidade e com isso tornar suas receitas compatíveis com o número de viajantes que recebe anualmente. Esse esforço, aproveitando a realização da copa do mundo de futebol, versão 1998, em seu território, pode ser testemunhado por quem visitou a capital francesa nos anos 97 e 98 sob a forma de cartazes distribuídos na proteção das árvores das principais avenidas de Paris que, com belíssimas ilustrações relativas a todas as profissões que poderiam atender ao visitante, convidavam garçons, recepcionistas, cabeleireiros, motoristas e outros profissionais a receberem bem os torcedores por ocasião dos jogos futebolísticos internacionais. As ilhas de Aruba e Bali, pelos exemplos narrados no terceiro capítulo deste livro, demonstram ter a qualidade no atendimento ao turista inserida na cultura comunitária, o que justifica o sucesso que vêm obtendo na captação de visitantes.

Tabela 4 – Os 10 Principais Países por Recebimento de Turistas Estrangeiros com Respectivas Receitas nos Últimos Três Anos
(Resultados Preliminares)

PAÍSES	CHEGADAS DE TURISTAS (MILHARES)			RECEITAS COM O TURISMO (US$ MILHÕES)		
	1996	1997	1998	1996	1997	1998
França	62.406	66.800	70.000	28.357	27.947	29.700
Estados Unidos	46.489	49.038	47.127	69.908	75.056	74.240
Espanha	40.541	43.403	47.743	27.654	27.190	29.585
Itália	32.853	34.087	34.829	30.018	30.000	30.427
Reino Unido	25.293	25.960	25.475	19.296	20.569	21.295
China	22.765	23.770	24.000	10.200	12.074	12.500
México	21.405	18.667	19.300	6.934	7.530	7.850
Polônia	19.410	19.514	18.820	8.400	8.700	8.400
Canadá	17.329	17.610	18.659	8.868	8.928	9.133
Áustria	17.090	16.642	17.282	13.990	12.393	12.164

Fonte: ORGANIZAÇÃO MUNDIAL DE TURISMO. **Datos essenciales 1997, 1998** - O M T 1997/1999 Madrid [1997, 1998].

A busca da qualidade em um destino turístico, país ou cidade, implica um esforço comum de todos os que lidam, direta ou indiretamente, com o turista, no sentido de apresentar-lhe adequadamente seus atrativos e bem atendê-lo.

O fabricante de um automóvel não terá comprometida a qualidade de seu produto em função de seu uso inadequado, má condição das estradas ou qualidade inferior do combustível disponível em determinada localidade para abastecê-lo, fatores possíveis de prejudicar o seu desempenho. Atendido convenientemente o cliente na pós-venda, através dos serviços de manutenção, a imagem de qualidade do produto permanecerá imaculada apesar da inabilidade do motorista, da incúria dos responsáveis em manter as vias públicas, ou da má distribuição dos combustíveis adequados.

Com o produto turístico o mesmo não acontece. Composto por um aglomerado de serviços utilizados pelo turista simultaneamente durante sua permanência em um destino, a má qualidade de qualquer deles afeta a avaliação do conjunto e compromete os demais. Assim, o desempenho de um hotel que prima pela excelência no atendimento, se por um lado contribui para a satisfação de seu hóspede com a cidade onde se encontra instalado, não é suficiente para garantir a avaliação positiva se os demais serviços da localidade vierem a comprometer a qualidade do destino.

O turista que se hospeda em um excelente hotel, mas sofre o mau humor de um motorista de táxi, ou mesmo é por ele enganado em um percurso maior do que o necessário para alcançar um local desejado, que é mal-atendido em um restaurante, tem seu carro danificado pela má condição das ruas, é assaltado e não consegue um atendimento policial à altura, não consegue se orientar na cidade por falta de sinalização adequada ou é mal-atendido por uma agência que não cumpre os horários para a realização dos passeios contratados, entre tantos outros dissabores porque pode passar, certamente não levará uma imagem agradável da localidade visitada e a divulgará em seu retorno, comprometendo irremediavelmente aquele destino turístico.

Por essa razão é que o desenvolvimento de um programa de qualidade para o turismo, em nível de comunidade, torna-se mais complexo à medida que precisa abranger as quatro dimensões operacionais do turismo e envolver suas quatro dimensões estratégicas referidas anteriormente.

A busca da qualidade do atendimento pelos que lidam com o turismo em uma determinada comunidade pressupõe já superadas as dificuldades relativas à conceituação do produto turístico e suas especificações, a competitividade de seu custo e a correta difusão de sua imagem pelos mercados compradores potenciais.

Evidentemente que a qualidade do serviço que atenderá ao turista influenciará a própria conceituação do produto e a imagem que dele se projeta, assim como poderá repercutir na consideração de seu custo, pois pessoas poderão se dispor a pagar mais por um reconhecido melhor serviço.

A conceituação do produto turístico pode, à primeira vista, parecer bastante simples. No entanto nem sempre o é. As capitais do Nordeste brasileiro, tradicionalmente, conceituam seus produtos turísticos como o lazer marítimo, graças à posição geográfica da região, que permite um clima de verão durante todo o ano, e à beleza e balneabilidade de suas praias.

Um estudo realizado pelo Instituto ADM & TEC (1996) sobre o produto turístico da cidade do Recife, tradicional centro metropolitano regional que se ressentia da perda de fluxos turísticos para outras capitais menores, identificou uma possível inadequação na formulação de seu produto. É que a capital do Estado de Pernambuco, possuindo uma área diminuta, conta com apenas cerca de oito quilômetros de praia, esta mesma urbana, ainda que uma das mais belas do país, dotada de estreita faixa de areia e protegida por uma muralha de arrecifes que impede a prática de qualquer tipo de esporte náutico, sendo nos feriados completamente tomada pela população local. Esse fato, somado à arquitetura verticalizada de seus hotéis, mais adequados estruturalmente ao turismo de negócios, e a uma cidade fervilhante de movimento, com ar de metrópole, fez com que os fluxos turísticos que demandavam a região buscassem destinos praieiros menos desenvolvidos, seja em outros estados da região, seja mesmo em outras cidades do próprio estado.

O estudo descobriu, inclusive, que os hotéis do Recife promoviam pacotes mistos com temporada dividida em estabelecimentos hoteleiros de praias mais primitivas, como forma de garantir a melhoria de suas próprias ocupações. Para aqueles que permaneciam apenas no Recife, os operadores locais organizavam passeios de dias inteiros em praias dos municípios vizinhos. O trabalho identificou, ainda, outras potencialidades turísticas da cidade capazes de constituir um produto mais competitivo, entre as quais o turismo de convenções e eventos, de negócios e de saúde, mais adequados à característica de metrópole da cidade e à estrutura de serviços ali existente. Conseqüência desse trabalho foi o movimento para criação de um *Convention and Visitors Bureau* que viesse a intensificar a captação de convenções e congressos para a cidade. A alteração planejada do conceito do produto turístico certamente modificará o desempenho de todos os que trabalham na atividade, assim como a natureza dos mercados a serem procurados e, conseqüentemente, dos fluxos turísticos que passarão a chegar ao destino.

A formulação do produto turístico de um destino deve ser compartilhada pela comunidade que nele habita, inicialmente pela aceitação da atividade – o turismo – como importante ao seu desenvolvimento e, posteriormente, pela consciência da natureza e adequação da localidade e de seus atrativos àquilo que é oferecido ao visitante, criando-lhe expectativas no momento da programação de sua viagem. A indisponibilidade comunitária com relação ao turismo ou a inadequação dos atrativos locais ao conceito do produto oferecido comprometerão seriamente qualquer tentativa de exploração turística, gerando uma insatisfação no usuário decorrente do não-cumprimento das especificações básicas daquilo que foi adquirido. O primeiro passo da exploração do turismo é a adequada formulação e preparação do produto a ser oferecido.

No ritmo atual da globalização das comunicações é necessário que o custo desse produto seja competitivo com os destinos alternativos existentes no mundo. Na composição desse custo participam não apenas os aspectos financeiros, mas também as facilidades ou dificuldades para se obterem informações sobre o destino e para nele chegar. O viajante potencial, por experiência anterior, por informações de terceiros, pelos noticiários da imprensa, pelas promoções dirigidas realizadas por destinos alternativos ou através da Internet, é capaz de comparar rapidamente os custos de obtenção dos diversos produtos competitivos, similares ou não, fazendo pesar na balança o valor dos benefícios a serem obtidos com sua escolha de um destino para viajar. A noção de que o turismo pode se constituir em uma *mina de ouro* pela exploração do turista pode comprometer seriamente o real sentido da palavra explorar quando voltada para a atividade. Explorar o turismo implica, sobretudo, não ludibriar o turista. O viajante de São Paulo pode hoje comparar o custo de um prato de lagosta no Ceará com o preço da mesma iguaria em Cancún, Aruba ou qualquer outro destino tropical. É conhecida a preferência dos brasileiros pelas viagens internacionais, basicamente em função de terem essas, até recentemente, um custo relativo mais reduzido em relação ao turismo doméstico. Tal fato levou as autoridades reguladoras da atividade no país a buscarem, desde 1997, instrumentos capazes de reduzir o custo do turismo doméstico, através do incentivo à concorrência nos deslocamentos aéreos e estímulos à redução dos preços dos serviços que compõem os pacotes turísticos. Na realidade o produto doméstico tinha perdido competitividade em nível internacional, menos pela sua natureza e mais em função de seu custo relativo.

O terceiro elemento estratégico é a imagem desse produto. De nada adianta possuir um excelente produto turístico se o mesmo não se encontrar no mercado. Para que o turismo ocorra, torna-se necessário que existam certas condições que motivem o viajante potencial a se deslocar de seu domicílio habitual, permanecendo fora dele por um determinado período. Essas condições necessitam estar acessíveis, de forma sedutora, ao seu conhecimento, sob pena de, nada sabendo sobre o destino ou dele tomando ciência apenas de aspectos negativos, para ele não se deslocar.

A imagem, criando as expectativas a partir das quais uma localidade será avaliada pelo visitante, necessita guardar fidelidade ao produto existente, evitando-se gerar a frustração de uma supervalorização que não corresponda à realidade ou o desconhecimento dos atrativos existentes por ausência de um trabalho de divulgação adequado.

A imagem de um destino é formada através do esforço promocional, que utiliza os meios de comunicação existentes nos mercados que se deseja trabalhar, ou ainda através da informação *boca a boca*, que reforça a promoção institucional ou comercial. Essa última modalidade se reveste de grande importância porque garante uma maior fidelidade da informação, uma vez que a mesma é normalmente passada por amigos ou parentes que conheceram um local e dele tecem comentários comercialmente desinteressados.

Muitas vezes a ausência da utilização de canais formais de comunicação na divulgação de um destino ocasiona, pior que a ausência de informação, a ênfase jornalística de acontecimentos negativos que o denigrem, mas que, necessariamente, não seriam suficientes para afastar o turista se estivessem também disponíveis informações sobre os seus atrativos e aspectos positivos da sua vida social.

O Brasil, por falta de uma política de divulgação turística permanente, padeceu, durante longo período, de uma má imagem, que só agora começa a ser revertida, enfatizada pelo noticiário internacional sobre os aspectos negativos de suas cidades (violência urbana, exploração sexual de menores, surtos de doenças, etc.). Outros destinos do mundo, em que pese conviverem com sérios problemas, continuaram atraindo turistas graças à expectativa positiva formada pela divulgação maciça de seus atrativos turísticos. Nova Iorque é um grande exemplo. Mesmo em seu período de maior degradação urbana, a força da divulgação de seu cosmopolitismo, de seu movimento artístico-cultural, de seus monumentos arquitetônicos e de sua tradição desenvolvimentista, contribuía, de forma positiva, para continuar atraindo grandes fluxos turísticos. Contemporaneamente, o trabalho desenvolvido para sua revitalização afastou os aspectos negativos de sua imagem, e o turismo tornou-se ainda mais forte. É importante mencionar o quanto o turismo é sensível ao que ocorre, de positivo ou negativo, nos diversos destinos e como a informação sobre os mesmos, em tempos de comunicação instantânea globalizada, rapidamente se difunde. Quem pensa em fazer turismo não procura localidades desconhecidas para visitar, conhecidas por seus aspectos negativos, ou que lhe possam trazer problemas capazes de atrapalhar o sonho de merecidas férias.

Nunca é demais enfatizar que o turismo, mais do que qualquer outra atividade, vende expectativas. Expectativas prazerosas. Ninguém despende esforço físico e recursos financeiros para visitar um destino que já se lhe antecipa como desagradável. Essas expectativas são repassadas ao viajante potencial pelas informações jornalísticas e campanhas promocionais, pelas conversas com amigos e parentes que já visitaram o local e, finalmente, quando o utiliza, pelo agente de viagem emissivo, responsável pela organização de sua viagem.

A disputa mundial pelos fluxos turísticos, em função do retorno econômico e financeiro que proporcionam aos destinos que os acolhem, seja sob a forma de remuneração dos serviços utilizados, seja sob a forma de tributos, é cada vez mais acirrada. Os diversos países, regiões e cidades procuram despertar nos clientes potenciais o desejo de conhecer seus encantos naturais e peculiaridades culturais, realçando-os em campanhas direcionadas ao público, aos formadores de opinião, imprensa especializada ou à rede de operadores e agentes de viagem responsáveis por grande parte dos deslocamentos turísticos doméstico ou mundiais. Corresponder a essas expectativas, ou mesmo superá-las, é a grande responsabilidade dos que atendem ao turista em seus deslocamentos. A frustração, decorrente da ausência dessa correspondência entre o esperado e o existente, repita-se, compromete profundamente os prestadores de serviço e o próprio destino. Daí a necessidade de que a realidade a ser encontrada corresponda plenamente às expectativas geradas. Imagine-se o aficionado pelo futebol que não consegue assistir, no Brasil, a um jogo de boa qualidade; o turista que, em época de temporada, chega à Espanha e não encontra uma tourada ou não consegue assistir a um espetáculo de dança flamenga; o viajante que visita o Recife e não tem oportunidade de dançar ou assistir a uma manifestação de frevo, seu mais popular e festejado ritmo. Todos esses fatos serão tão mais deploráveis à medida que as expectativas provocadas tenham despertado motivações de viagem a eles relacionadas.

Antes de entrarmos na discussão sobre o desenvolvimento de um programa de qualidade em um destino turístico, é necessário que tenhamos a consciência de que todos esses elementos – definição do produto, preço, imagem e qualidade no atendimento – devem ser pensados conjuntamente e de forma integrada, pois constituem aspectos complementares de uma mesma realidade.

Figura 7 – Integração dos Elementos Necessários ao Programa de Qualidade em Turismo

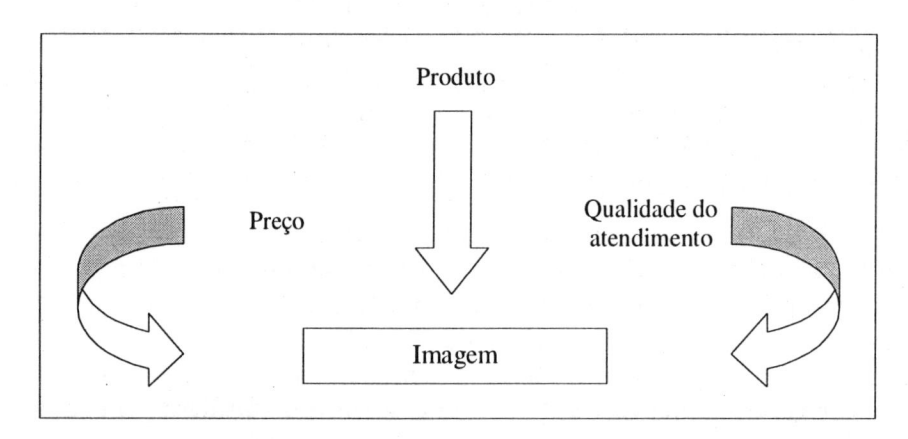

4.4 Um Programa de Qualidade em Destinos Turísticos

A busca da qualidade em um destino turístico pressupõe a existência de alguns condicionantes básicos:

- *a consciência pela comunidade da importância da atividade turística como viabilizadora de seu desenvolvimento e distribuição de riquezas, de forma que as atividades necessárias à sua exploração sejam privilegiadas em nível decisório e operacional;*
- *o consenso sobre o conceito de seu produto turístico, de forma a torná-lo o mais adequado possível à utilização dos visitantes;*
- *o convencimento da necessidade de se possuir um custo competitivo, em nível internacional. Considere-se como incluídos nesse conceito de custo não apenas os aspectos financeiros como também aqueles decorrentes de desgaste físico e mental do viajante. Dessa forma, compõe o custo do produto turístico não apenas o preço pago pelos serviços necessários à sua fruição, mas sua acessibilidade e facilidades de obtenção de informações sobre seus atrativos, entre outros aspectos que implicam dispêndio de tempo e esforço pessoal, tornando mais ou menos agradável o deslocamento em busca de um destino;*
- *a existência de uma cultura comunitária pró-turismo, revelada por decisões e ações que demonstrem a satisfação da população no desempenho da atividade turística e, conseqüentemente, na boa recepção do turista;*
- *a capacitação profissional para o desempenho das atividades voltadas ao atendimento do turista.*

Dessa forma, qualquer esforço no sentido de se buscar a qualidade de um destino turístico deve ser desenvolvido pela iniciativa da própria comunidade ou com grande envolvimento de sua parte. O mais importante é que as entidades representativas da sociedade, congregando respectivamente empresários, profissionais autônomos, grupos de interesses sociais ou ambientais e as universidades, entre outros, se unam com instituições governamentais, pressionando-as e com elas contribuindo, no sentido da melhoria da qualidade do atendimento turístico. Na realidade, em função de peculiaridades de cada caso, nem sempre isso pode acontecer ou quando efetivamente acontece, cabe, na maioria das vezes, ao governo sensibilizar os agentes operacionais do setor para a melhoria da qualidade dos serviços, seja desenvolvendo programas de capacitação profissional, seja criando critérios classificatórios de avaliação qualitativa para os equipamentos que atendem ao turista ou ainda encetando campanhas institucionais voltadas à melhoria do desempenho das atividades que dinamizam o destino. Em qualquer hipótese, mesmo quando a ação se origina na sociedade organizada, grande parte de seus integrantes necessita de convencimento para nela se engajar.

Alguns passos podem ser colocados como necessários ao desenvolvimento de um programa de qualidade em um destino turístico, considerando-se necessário, para tanto, a própria aferição da existência dos condicionantes básicos supra-referidos, como forma de provocá-los, estimulá-los ou reforçá-los. Assim, qualquer programa voltado para a melhoria deve considerar a necessidade de:

- *existência de uma entidade congregadora de todos os segmentos sociais interessados no desenvolvimento do turismo, com poderes de influenciar na utilização dos recursos públicos, capaz de aportar contribuições de seus integrantes e captar, em outros segmentos da sociedade, recursos que venham a compor um fundo a ser utilizado no fomento da atividade turística. Essa entidade deverá funcionar como fórum para discussão dos interesses do setor, de forma que haja garantia da implantação de suas decisões. É bom lembrar, conforme já visto anteriormente, que não apenas aquelas atividades tradicionalmente consideradas como integrantes do setor (hotelaria, agências de viagem, bares e restaurantes, casas de espetáculos e diversões noturnas, parques temáticos, entre tantas outras) se beneficiam do desenvolvimento do turismo, razão pela qual uma instituição dessa natureza deve comportar a participação do comércio em geral, da indústria, de instituições financeiras, enfim de todas as forças capazes de dinamizar a economia local e de tirar proveito do crescimento da atividade econômica decorrente da sua exploração. O governo, gestor do orçamento público e responsável pelas ações provedoras da infra-estrutura necessária ao funcionamento social, deve participar, em igualdade de condições com os demais integrantes, na definição das medidas a serem adotadas. A legitimidade de um programa de qualidade para um destino, que envolve múltiplas participações, deve repousar na existência e efetivo funcionamento de uma entidade dessa*

natureza que espelhe o comprometimento da comunidade com a atividade e com o desejo de praticá-la bem;
- *existência de um consenso sobre a natureza do produto turístico da comunidade e de qual a melhor forma de explorá-lo, consubstanciado em um planejamento diretor para a atividade que envolva a definição desse produto, considere os custos para sua disponibilização em um mercado competitivo e defina os mecanismos adequados à difusão de sua imagem como instrumento de captação de fluxos turísticos;*
- *um programa de pesquisa permanente, através de ações periódicas, capaz de avaliar:*
  - *o perfil do turista que visita o destino, de forma a promover a adequação gradativa entre o produto e o nível do consumidor desejado;*
  - *a evolução do nível de satisfação do visitante com o produto oferecido, frente às suas expectativas e experiências anteriores em destinos competitivos;*
  - *nível de percepção pelos prestadores de serviços locais da qualidade oferecida ao turista em seu atendimento e das medidas adotadas no sentido de sua melhoria;*
- *existência de mecanismos de resposta imediata capazes de gerar as ações necessárias à correção e superação dos pontos de estrangulamento identificados naquelas pesquisas;*
- *desenvolvimento de uma ampla campanha de educação e motivação interna para a melhoria dos padrões de comportamento naquilo que diz respeito à correta utilização dos equipamentos comunitários e atendimento ao turista. Campanha desse porte, que deve envolver inclusive os estabelecimentos de ensino, deve ser direcionada em diversos sentidos:*
  - *melhorar o desempenho da comunidade no que diz respeito à higiene e limpeza públicas e ao cuidado com os monumentos e logradouros, integrantes do patrimônio público e que completam os atrativos turísticos da localidade;*
  - *estimular nos segmentos econômicos que atendem ao turista a iniciativa de desenvolvimento de programas de melhoria permanente e obtenção de certificação de qualidade na prestação de seus serviços;*

- *criação de símbolos de reconhecimento público ao engajamento em programas de melhoria de qualidade no atendimento ao cliente para os estabelecimentos (hotéis, bares, restaurantes, etc.) e profissionais (guias de turismo, motoristas, policiais, etc.) que atendam ao turista, a partir de critérios objetivos de aferição, rigidamente controlados;*
- *desenvolvimento de amplo programa de capacitação que habilite e aperfeiçoe profissionais para o desempenho de atividades voltadas ao atendimento turístico, seja pela sua integração à economia formal (garçons, recepcionistas, telefonistas, cozinheiros), seja pela exploração da economia informal (artesãos, jangadeiros, barraqueiros, guias mirins, etc.), ou ainda como participantes de entidades públicas (policiais, responsáveis pela limpeza pública, operação de centrais e redes de distribuição de abastecimento de energia e água, etc.). Esses programas devem, além de desenvolver habilidades profissionais específicas e de atendimento com qualidade, orientar para a identificação de oportunidades de trabalho e ganho com o crescimento do setor de turismo;*
- *estímulo à criação de consultorias de qualidade aptas a atender o setor empresarial, a custos que tornem acessível a participação de empresas de todos os portes, notadamente as de menor dimensão;*
- *realização de seminários com empresários e dirigentes empresariais para sensibilização e conscientização sobre a importância do desenvolvimento de programas de qualidade em suas instituições;*
- *desenvolvimento de uma atividade crítica permanente no sentido de ampliar aspectos das diversidades natural e cultural do produto turístico a serem disponibilizadas ao turista, como forma de permitir a extensão de sua permanência e a plena e variada ocupação de seu tempo disponível.*

Em suma, um programa que objetive a busca da melhoria da qualidade no atendimento turístico deve possuir um amplo apelo e engajamento comunitários, pois seu sucesso dependerá da existência de uma cultura não apenas empresarial, mas social, que eleja o turismo e a qualidade de sua operação como valores básicos orientadores das decisões e ações de todos os que nela se envolvem. Os princípios fundamentais para a melhoria do atendimento em um destino turístico são a melhoria dos padrões educacionais; o comprometimento com a atividade pela sociedade e a capacitação para explorá-la adequadamente. Só dessa forma poderão os destinos turísticos, principalmente os emergentes, competir em um mundo onde o mercado consumidor torna-se cada vez mais exigente e seletivo, convergindo de forma concentradora para os destinos tradicionais, por força da facilidade crescente das comunicações e dos deslocamentos pessoais.

Fica para reflexão o fato de que, segundo dados da Organização Mundial de Turismo (1998), se por um lado os dez principais destinos mundiais de turismo, repetindo uma tendência histórica, em 1997 absorveram 52% dos fluxos internacionais de viajantes e 54% das receitas do setor, por outro lado países como a China, Polônia, Austrália, Hong Kong e República Checa conseguiram ingressar, nos últimos três anos, nesse diminuto círculo de destinos que mais se beneficiam com o turismo estrangeiro. A reversão dessa tendência concentradora dependerá da força de cada destino em posicionar no mercado o seu produto.

Referências Bibliográficas

ASSOCIACIÓN INTERNACIONAL DEL EXPERTOS CIENTÍFICOS DEL TURISMO apud PALERMO, Manuel Figuerola. *Manual para el estudio de la economia turística en el ambito macroeconómico.* Madrid: OMT, 1992. 141p.

COLLINS, James, PORRAS, Jerry I. *Feitas para durar: práticas bem-sucedidas de empresas visionárias.* Rio de Janeiro: Rocco, 1995. 408p.

DRUCKER, Peter F. *O gerente eficaz.* Rio de Janeiro: Zahar, 1968. 184p.

GRÖNROOS, Christian. *Marketing, gerenciamento e serviços.* Rio de Janeiro: Campos, 1995. 377p.

HERZBURG, Frederick apud PARK, Kil Hiang. *Introdução ao estudo da administração.* São Paulo: Pioneira, 1997. 241p.

IACOCCA, Lee apud GRÖNROOS, Christian. *Marketing, gerenciamento e serviços.* Rio de Janeiro: Campus, 1995. 377p.

INSTITUTO DE ADMINISTRAÇÃO E TECNOLOGIA. *Diagnóstico estatístico para reconhecimento do produto turístico da cidade do Recife.* Recife, 1996. 6v.

KATZ, Daniel, HAHN, Robert L. *Psicologia social das organizações.* São Paulo: Atlas, 1970. 551p.

MASLOW, A. apud PARK, Kil Hiang. *Introdução ao estudo da administração.* São Paulo: Pioneira, 1997. 241p.

NAÇÕES UNIDAS. Secretaria para o Comércio e o Desenvolvimento apud PALERMO, Manuel Figuerola. *Manual para el estudio de la economia turística en el ambito macroeconómico.* Madrid: OMT, 1992. 141p.

ORGANIZAÇÃO MUNDIAL DO TURISMO. *Compendio de estadísticas del turismo.* Madrid, 1997. 270p.

_____. *Datos essenciales*, 1997. Madrid [1998]. 29p.

_____. *Datos essenciales*, 1998. Madrid [1999].

_____. *El turismo hasta, el año 2000.* Madrid, 1990. 50p.

PALERMO, Manuel Figuerola. *Manual para el estudio de la economia turística en el ambito macroeconómico.* Madrid: OMT, 1992. 141p.

PARK, Kit Hiang. *Introdução ao estudo da Administração.* São Paulo: Pioneira, 1997. 241p.

REDFIELD, Charles. *Comunicação administrativa.* Rio de Janeiro: FGV, 1966. 285p.

RIBEIRO, Lair. *O sucesso não ocorre por acaso.* 76ª ed. Rio de Janeiro: Objetiva, 1993. 127p.

Anexo

Programa de Qualidade no Turismo em Pernambuco. Um Estudo de Caso*

Por iniciativa do governo estadual, e com a participação dos empresários do setor, iniciou-se, em janeiro de 1997, a formulação do Programa de Qualidade no Turismo em Pernambuco, objetivando avaliar e melhorar a qualidade dos serviços turísticos no estado. O Programa, que pretendia ser permanente, revestiu-se de característica pioneira e sofreu algumas dificuldades em sua formulação e implantação inicial em função de sua abrangência, envolvendo os setores público e privado, e de seu pioneirismo. Este trabalho objetiva relatar o conteúdo do programa, as dificuldades encontradas em sua fase de implantação inicial, as medidas adotadas no sentido de superá-las e os resultados obtidos em sua primeira etapa, correspondente ao período 1997/98.

---

* Foram realizadas pequenas correções no trabalho original, em função da ocorrência de fatos posteriores à sua apresentação, relativos à conclusão do Programa para o ano de 1997. Essas alterações realizadas em nada comprometem o conteúdo do documento original.

1. Antecedentes, Justificativa e Objetivos do Programa de Qualidade no Turismo em Pernambuco

O Programa de Qualidade no Turismo em Pernambuco – PQTP (Pernambuco. SICT, 1997)[1] surgiu como idéia, no início do ano, a partir da constatação pelo Governo do Estado, através da Secretaria de Indústria, Comércio e Turismo – SICT –, da necessidade de se desenvolver um esforço no sentido de melhoria da qualidade dos serviços prestados no estado na área de turismo.

Desde a sua concepção, o Programa foi fortemente marcado pela pessoa do então titular daquela Secretaria estadual, que se encontrava, àquela época, implantando um programa de qualidade em sua pasta. O ambiente no âmbito das interações com o sistema produtivo estadual, naquela ocasião, era propício, à medida que, no final do ano anterior, a Federação das Indústrias de Pernambuco lançara o Programa Pernambucano de Qualidade, objetivando influenciar o setor empresarial a desenvolver, em suas unidades empresariais, programas de qualidade, obtendo os certificados correspondentes. Esse esforço decorria da consciência das lideranças industriais do Estado sobre a necessidade de ampliar a competitividade dos produtos pernambucanos nos mercados nacional e internacional.

A ampliação desse Programa para o setor de turismo decorreu de três razões básicas:
- *da consciência da importância, em nível mundial, da atividade, destacada pelos dados fornecidos pela Organização Mundial de Turismo, que dão conta de um movimento entre os países, em 1996, de 592 milhões de turistas internacionais, gerando um produto de US$ 423 bilhões;*
- *da importância para Pernambuco dessa atividade, reconhecida como de maior potencial de desenvolvimento, entre os demais segmentos econômicos, em função da excelência de seus recursos naturais e da estrutura receptiva já existente. Some-se a isso o fato de governo e iniciativa privada estarem investindo fortemente no setor, seja através da implantação do Projeto Costa Dourada, cujas obras*

---

1 Pernambuco. SICT. **Programa de Qualidade no Turismo em Pernambuco**. Recife, 1997.

de infra-estrutura já iniciadas com recursos de financiamento internacional possibilitarão a implantação na praia de Guadalupe, no litoral sul do Estado, de um pólo turístico de lazer náutico de nível internacional, seja pela construção, por empresários locais, de hotéis tipo resorts em pontos diversos do litoral do Estado, muitos dos quais com a exploração já acertada com cadeias hoteleiras de bandeira internacional;

- *do aumento da competitividade entre os diversos destinos turísticos mundiais, emergentes e tradicionais, intensificada pelo processo de globalização, que amplia as oportunidades de as pessoas viajarem, ao mesmo tempo em que disponibiliza mais rapidamente as informações sobre esses destinos, seus atrativos naturais e a qualidade dos serviços disponíveis, levando para esse último fator o eixo da disputa entre localidades com produtos turísticos da mesma natureza.*

Merece ser destacado que o Estado de Pernambuco conta hoje com uma das melhores infra-estruturas hoteleiras da região Nordeste, constituída, segundo dados fornecidos pela Empresa de Turismo de Pernambuco S/A EMPETUR – órgão oficial do turismo estadual – por 326 hotéis, com um total de 9.622 unidades hoteleiras e 21.248 leitos.

Essa rede hoteleira responde por uma acomodação crescente de hóspedes (785.538 em 1996, segundo a EMPETUR), contudo ainda não suficiente para propiciar uma taxa média de ocupação considerada compensadora.

O Programa de Qualidade no Turismo em Pernambuco tem, por isso mesmo, como objetivo, segundo proposto em seu documento de criação:

> "Melhorar a qualidade do turismo em Pernambuco através de ações integradas em todos os segmentos ligados ao setor ou que de maneira direta ou indireta tenham influência no produto turístico do Estado, visando à satisfação final do cliente, no caso o turista, o que significa atender ou superar suas expectativas do momento em que chega ao destino turístico Pernambuco ao momento em que deixa o referido destino."

Através desse objetivo, e dos efeitos multiplicadores da satisfação do visitante atual, pretende-se aumentar o fluxo de turistas que procura o estado, ampliar sua permanência média no local, hoje em torno de 3,9 dias e, conseqüentemente, proporcionar um maior retorno econômico à comunidade.

A partir desses antecedentes e justificativas, e sempre por iniciativa do governo estadual, o setor privado do segmento, comumente designado por *Trade Turístico*, e os governos dos principais municípios onde existem equipamentos turísticos instalados, foram procurados no sentido de participar do Programa, o que de logo aconteceu em função da convergência de pensamento sobre o assunto existente entre governo e empresários, iniciando-se o trabalho em março de 1997, o que pode ser sintetizado na própria justificativa do Programa:

> *"Considerando a grande importância do setor turístico na Economia bem como os resultados de seu desdobramento no desenvolvimento social, econômico e empresarial do Estado tornou-se clara ao governo,* trade *turístico e comunidades envolvidas nos pólos turísticos a necessidade de sistematizar melhorias na qualidade do serviço turístico oferecido no Estado. Essas ações, juntamente com o planejamento e o marketing do turismo, virão aumentar o fluxo turístico do Estado trazendo os citados benefícios."*

Claro também ficou para todos que o turismo só pode trabalhar com uma marca coletiva que é o nome do próprio destino turístico: o Estado de Pernambuco.

Desta forma um Programa de Qualidade para o Turismo tem que ser tratado como um programa para o setor como um todo e não somente para uma empresa ou para uma área específica a ele ligada.

O sucesso de um programa como este dependerá fundamentalmente do sucesso de todos e poderá representar um diferencial importante para o turismo de Pernambuco.

2. A Estrutura Gerencial do Programa de Qualidade no Turismo em Pernambuco

Na montagem da estrutura gerencial do Programa foi considerada a necessidade de participação de todos os segmentos empresariais envolvidos na prestação dos serviços turísticos, além dos governos dos municípios de interesse turístico que atenderam ao convite de participação e o próprio governo estadual.

Objetivando a consecução desse objetivo foram constituídos dois comitês envolvendo as entidades de classe do *trade* turístico e os governos municipais e estadual, conforme descrito a seguir.

O Comitê Central tem como atribuição principal gerenciar de maneira macro o programa, definindo suas diretrizes. Ele é constituído por representantes das seguintes entidades:

- *Associação Brasileira de Empresas Locadoras de Auto Veículos – ABLA-PE;*
- *Associação Brasileira das Agências de Viagem – ABAV-PE;*
- *Associação Brasileira das Empresas Organizadoras de Congressos – ABEOC-PE;*
- *Associação Brasileira das Indústrias de Hotéis – ABIH-PE;*
- *Associação Brasileira de Entretenimento e Lazer – ABRASEL-PE;*
- *Associação das Secretarias de Turismo – ASTUR;*
- *Empresa de Turismo de Pernambuco S/A – EMPETUR;*
- *Prefeitura de Ipojuca;*
- *Prefeitura de Jaboatão dos Guararapes;*
- *Prefeitura de Olinda;*
- *Prefeitura de Recife;*
- *Programa Pernambucano de Qualidade – PROPEQ;*
- *Secretaria da Indústria, Comércio e Turismo de Pernambuco – SICT-PE;*
- *Serviço de Apoio às Micro e Pequenas Empresas de Pernambuco – SEBRAE-PE;*
- *Sindicato das Empresas de Turismo – SINDETUR-PE.*

O Comitê Executivo tem como atribuição coordenar, detalhar e gerenciar a implantação do Programa. É constituído por representantes das seguintes entidades:

- *Associação Brasileira das Empresas Organizadoras de Congressos – ABEOC-PE;*
- *Associação Brasileira das Indústrias de Hotéis – ABIH-PE;*
- *Associação Brasileira de Entretenimentos e Lazer – ABRASEL-PE;*

- *Associação das Secretarias de Turismo – ASTUR;*
- *Empresa de Turismo de Pernambuco S/A – EMPETUR;*
- *Secretaria da Indústria, Comércio e Turismo de Pernambuco – SICT-PE;*
- *Sindicato das Empresas de Turismo – SINDETUR.*

As entidades ABAV, ABRASEL e SINDETUR participam do Comitê Central com um representante comum, existindo, ainda que informalmente, mas com participação operacional decisiva, uma secretaria executiva, inicialmente sob a responsabilidade de um especialista em qualidade, disponibilizado pela Secretaria de Indústria, Comércio e Turismo do Estado para dar andamento às providências definidas pelo Comitê Executivo, em atendimento às decisões do Comitê Central.

3. Conteúdo do Programa

O Programa de Qualidade no Turismo em Pernambuco desdobra-se em seis subprogramas, tendo sua meta para o período de julho 97 a outubro 98 assim formulada:

> **"META**
>
> Implantar o Programa de Qualidade no Turismo em Pernambuco progressivamente a partir de julho de 1997, concentrando a atuação na Área Metropolitana do Recife (municípios do Recife, Olinda, Jaboatão, Itamaracá e Ipojuca), de forma a se obterem resultados até outubro de 1998, devendo ser monitorado pela evolução da satisfação do turista através de pesquisas."

São os seguintes os subprogramas definidos:
- *Subprograma de Pesquisas;*
- *Subprograma de Sensibilização e Conscientização;*
- *Subprogramas Setoriais;*
- *Subprogramas de Classes;*
- *Subprogramas Locais;*
- *Subprogramas de Apoio.*

> - **Subprograma de Pesquisas** – *realização de pesquisas para detectar o nível de expectativas dos clientes*

com o produto turístico em Pernambuco e o seu nível de satisfação após utilizado o produto. Realização de pesquisas junto aos prestadores de serviços e empresários ligados ao turismo. Ambas as pesquisas visando obter subsídios para o desenvolvimento do Programa e para sua monitorização periódica.

- **Subprograma de Sensibilização e Conscientização** – realização de eventos, seminários e cursos para atrair e sensibilizar os empresários e pessoas ligadas ao turismo para a importância e a necessidade da qualidade nos seus produtos e serviços. Visa também obter a adesão desta comunidade do turismo ao Programa.

- **Subprogramas Setoriais** – desenvolvimento de programas de qualidade, metodologia de implantação e manuais específicos para cada setor ligado ao turismo quais sejam: hotéis, locadoras de autos, agências de viagem, organizadores de congressos e eventos, bares e restaurantes, shoppings, etc., implantação dos programas e capacitação do pessoal operacional das empresas nas suas atividades.

- **Subprogramas de Classes** – capacitação de pessoal autônomo ligado ao turismo e que não esteja vinculado às empresas contempladas pelo item 3, como taxistas, guias, policiais, recepcionistas, garçons, etc.

- **Subprogramas Locais** – desenvolvimento de programas de conscientização, profissionalização e qualidade para as comunidades e prestadores de serviços em pólos turísticos.

- **Subprogramas de Apoio** – programas e ações a serem desenvolvidos em atividades de apoio ligadas ao turismo tais como Polícia (militar e civil), Aeroporto, TIP, DETRAN, Escolas, Bombeiros, Portos, etc. em função das necessidades detectadas nas pesquisas.

4. Recursos Previstos para o Programa

Nas Tabelas 1 e 2, que demonstram o volume de recursos previstos para o Programa, agrupados por subprogramas, observa-se que sua origem é marcadamente pública, cabendo ao setor privado (*trade*) aportar do orçamento total apenas cerca de 6,8%

para 1997 e 4,5% para 1998. No setor governamental, três entidades distintas – a Secretaria de Indústria, Comércio e Turismo, a Secretaria de Trabalho e Ação Social e a Empresa Pernambucana de Turismo – deveriam alocar verbas, cabendo o restante ao Governo Federal e ao SEBRAE.

Essa pluralidade de organismos financiadores, cujos recursos não se encontravam, à época, destinados para tal finalidade em seus próprios orçamentos, levava à necessidade de uma negociação, pelos condutores do Programa, no caso a secretaria executiva, no sentido de viabilizar sua efetiva disponibilização para aquele Programa.

5. O Desenvolvimento do Programa e sua Avaliação Atual

Em que pese a abrangência do trabalho proposto e o desejo de iniciá-lo a partir do mês de julho de 1997, algumas dificuldades impediram que tal acontecesse como previsto, em razão de algumas causas específicas:

- *a dificuldade de alocação de recursos;*
- *a origem da iniciativa personalizada e pública;*
- *dificuldades de engajamento da iniciativa privada no programa.*

• **A Dificuldade de Alocação de Recursos** – o Programa, inicialmente previsto para começar a ser implementado em julho de 1997, só pôde ser iniciado em dezembro do mesmo ano em função das dificuldades de alocação de recursos.

Na realidade, apenas a Secretaria de Trabalho e Ação Social destinou recursos (oriundos do FAT), ainda que em valor superior ao previsto para sua participação em 1997, num total de R$ 568.240,00, mas limitado em sua destinação ao desenvolvimento de programas de capacitação e aperfeiçoamento de mão-de-obra. Foi então contratado um programa de treinamento de pessoal com o Instituto ADM & TEC envolvendo 3.415 participantes nos municípios de Recife, Jaboatão dos Guararapes, Olinda, Itamaracá, Cabo e Ipojuca, escolhidos pela maior quantidade de turistas que recebem e por possuírem equipamentos turísticos de importância relevante instalados em seus territórios. Dessa forma, só os subprogramas de classes e locais foram contemplados com esses recursos.

Permitiu-se, no entanto, como forma de possibilitar o atendimento de parte dos subprogramas setoriais, que funcionários das empresas turísticas participassem dos cursos oferecidos juntamente com o pessoal desempregado. A previsão de conclusão dessa etapa, correspondente ao ano de 1997, definida para a primeira quinzena do mês de abril de 1998, foi cumprida com 3.415 pessoas atendidas pelos diversos cursos de capacitação. Por outro lado, o Instituto ADM & TEC, contratado para a realização do programa de capacitação, viabilizou, às suas expensas, a realização da primeira etapa dos subprogramas de pesquisas, realizando em dezembro de 1997 as duas primeiras pesquisas, originariamente previstas para agosto, respectivamente com os usuários dos serviços turísticos no estado (350 pesquisados) e com os empresários do setor (150 pesquisados), possibilitando, dessa forma, um referencial inicial de qualidade do produto e percepção de sua importância para nortear o desenvolvimento do Programa de Qualidade no Turismo em Pernambuco. Da mesma forma o Instituto ADM & TEC disponibilizou, a partir de janeiro de 1998, consultor especializado para realizar dois seminários de conscientização empresarial para a qualidade (subprogramas de sensibilização e conscientização), o que só pôde se realizar, no mês de abril, em número de um, pela dificuldade de compatibilização da disponibilidade de tempo dos empresários que deveriam participar do evento. Os recursos a serem alocados para o Programa em 1998 deverão advir da mesma fonte, o que prenuncia a repetição das dificuldades encontradas para a realização da etapa em 1997.

- **A Origem da Iniciativa Personalizada e Pública** – o fato de o Programa ter se originado do setor público, e por uma convicção pessoal do então titular da Secretaria de Indústria, Comércio e Turismo do Governo estadual, que disponibilizou, inclusive, a estrutura operacional – secretário executivo, pessoal de apoio, instalações e recursos financeiros –, acarretou no Trade Turístico uma expectativa de participação passiva, aguardando, apesar da convicção manifestada sobre a importância do Programa, que as coisas ocorressem por iniciativa e ação governamental. Aconteceu que, no exato momento em que o Programa foi em parte contratado, houve um remanejamento no secretariado estadual, que deslocou o titular da Secretaria de Indústria, Comércio e Turismo para outra secretaria governamental. Concomitantemente, o secretário executivo do Programa afastou-se de suas funções, passando da atividade pública para o setor privado. Tal fato acarretou uma descontinuidade das ações, até então fortemente vinculadas à pessoa do idealizador do Programa e de seu coordenador executivo. Essa defasagem na cabeça do sistema gestor do Programa comprometeu o seu cronograma, tendo sido resolvida com a transferência para a EMPETUR, órgão oficial do turismo do Estado, da atribuição de coordenar e gerir o Programa.

• **Dificuldades de Engajamento da Iniciativa Privada no Programa** – as instituições privadas, membros dos Comitês do PQTP, participaram em todas as reuniões convocadas para a tomada de decisões que eram previamente formatadas pelo secretário executivo até a formulação final do Programa. A continuidade dessa participação no acompanhamento do Programa foi dificultada no período de transição dos integrantes da sua linha superior de gestão, não mais tornando a ocorrer até esta data (junho de 1998)[2]. O momento do seu lançamento e das suas primeiras iniciativas, que correspondeu à viabilização dos recursos necessários ao seu início, coincidiu com o período de alta estação – época das festas de final de ano e período de férias – para o setor, quando todos os equipamentos turísticos, dirigentes e funcionários encontravam-se em intensa ocupação no atendimento aos turistas que chegavam ao estado, dificultando, por isso mesmo, a liberação de pessoal para uma maior participação nas ações do Programa.

6. Conclusões

Em que pese as dificuldades encontradas, o Programa para 1997, naquilo que foi possível realizar, teve seu término, como previsto, no mês de abril de 1998, tendo trazido benefícios ao setor: pela capacitação profissional e em qualidade de atendimento de parcela do pessoal ocupado formal e informalmente no turismo do Estado; pelo início de um processo de conscientização das pessoas envolvidas nessa fase do Programa, sobre a importância do turismo e da melhoria dos serviços prestados ao cliente para o desenvolvimento das empresas e das comunidades a que pertencem; e pela realização das duas pesquisas que dão início às séries a serem periodicamente repetidas e que permitirão o acompa-

---

[2] O programa não voltou a funcionar.

nhamento da evolução qualitativa do setor, subsidiando as ações posteriores do Programa.

As lições tiradas das dificuldades encontradas serviriam ainda para subsidiá-lo em sua versão 1998, cujo início, a depender da disponibilidade de recursos, se prenunciava para o segundo semestre de forma mais institucionalizada, sob a coordenação da EMPETUR, e com um maior nível de engajamento do setor privado que deveria buscar tirar um maior proveito de sua existência.

Ressalte-se que as dificuldades encontradas no início da implantação do PQTP decorreram em grande parte de sua abrangência e de seu pioneirismo, sendo desconhecida pelos seus formuladores, à época de sua criação, qualquer experiência anterior que pudesse subsidiar sua formulação e o desenvolvimento das ações voltadas ao seu cumprimento.

As conclusões a seguir elencadas poderão servir de subsídios para o restabelecimento do Programa e para orientar outros programas da mesma natureza que venham a ser desenvolvidos em outros Estados. São elas, de forma resumida, as necessidades:

- *de uma maior participação do setor privado na definição, execução e acompanhamento das ações a serem realizadas;*
- *de uma maior distribuição de responsabilidades entre os membros dirigentes do Programa sobre a execução dos diversos subprogramas;*
- *de um maior comprometimento do setor privado com o desenvolvimento de programas de qualidade em suas empresas, objeto dos subprogramas setoriais;*
- *da constituição de um núcleo operacionalmente gestor do Programa, independente da estrutura governamental e diretamente vinculado ao Comitê Executivo;*
- *do comprometimento prévio dos recursos a serem aplicados nos programas de modo a disponibilizá-los oportunamente para as ações a serem coordenadas pelo núcleo gestor, de forma a permitir o desenvolvimento concomitante dos diversos subprogramas sem comprometer os efeitos decorrentes das interações entre os mesmos existentes.*

Outros Títulos Sugeridos

Excelência em Hotelaria
Uma Abordagem Prática
Autor: Geraldo Castelli
Págs.: 156 / Formato: 16 x 23 cm.
Esta publicação tem o mérito de permitir ao leitor familiarizar-se com as modernas técnicas de administração empresarial, em especial com a Gestão da Qualidade Total, mantendo o enfoque centrado nas características do setor hoteleiro. É o primeiro livro, no Brasil, com dicas fundamentais para que o setor hoteleiro se prepare para o grande desafio: atingir a Excelência.

Gestão pela Qualidade
Hotel – Gestão Competitiva no Século XXI
Autor: Renato Ricci
Págs.: 184 / Formato: 16 x 23 cm.
O livro é um guia básico para moderna gestão hoteleira. Nele são apresentadas algumas sugestões práticas de ações que podem ser implementadas em qualquer tipo de organização, permitindo que os estabelecimentos hoteleiros adaptem seus sistemas de administração ao novo mercado, extremamente competitivo.

Sem Dor de Cabeça – Não Muita!
Autor: Getúlio Apolinário
Págs.: 92 / Formato: 20,5 x 25,5 cm.
Neste livro, o autor apresenta uma série de medidas simples e eficazes que, se adotadas, permitem que as empresas obtenham um ambiente organizacional mais harmonioso, que certamente propiciará ganhos contínuos de competitividade. Em vez de um manual frio, com regras inquestionáveis, esta obra é uma coleção de sugestões e reflexões que ajudarão os profissionais envolvidos com a implantação de programas de Qualidade a avaliar seus procedimentos, facilitando e enriquecendo seu trabalho.

Outros Títulos Sugeridos

Qualidade Simplesmente Total
Uma Abordagem Simples e Prática da Gestão da Qualidade
Autor: Luciano Raizer Moura
Págs.: 200 / Formato: 16 x 23 cm.
A obra aborda o porquê de a Qualidade ser tão importante e como as mudanças que vêm ocorrendo no mundo afetam as empresas; explica diversas siglas com que são identificadas as ferramentas e técnicas da Qualidade; e ainda trata de assuntos que constituem a essência da organização e gestão das empresas.

Marketing & Turismo
Autor: Carlos Meira Trigueiro
Págs.: 100 / Formato: 16 x 23 cm.
Resultado da ampla experiência do autor nas áreas de planejamento e marketing, o livro oferece subsídios para que se melhore a formulação de plano estratégicos de desenvolvimento para uma localidade com potencial turístico, através da aplicação de conceitos de administração de marketing adequados à indústria do turismo.

Gestão Orientada à Excelência
Autor: A.C. Orofino e Roberto de Souza Serapião
Págs.: 180 / Formato: 16 x 23 cm.
Os autores desenvolveram um modelo de gestão empresarial, baseado nos Critérios de Excelência do Prêmio Nacional da Qualidade (PNQ), que é destinado a empresas de todos os portes e setores que utilizam ou desejam utilizar a melhoria contínua como uma referência para a busca da excelência. As principais vantagens são: permitir identificar e valorizar os pontos fortes da identificação; facilitar a adaptação a novas situações; desenvolver nas empresas a capacidade de renovar; e contribuir para a garantia da qualidade dos objetivos da organização.
Como cada organização tem suas peculiaridades e há muitas alternativas para a adoção de um modelo de Gestão da Qualidade, os autores apresentam o roteiro de um modelo adaptável.

Entre em sintonia com o mundo

QualityPhone:
0800-263311
Ligação gratuita

Rua Teixeira Júnior, 441
São Cristóvão
20921-400 – Rio de Janeiro – RJ
Tel.: (0XX21) 3860-8422
Fax: (0XX21) 3860-8424

www.qualitymark.com.br
E-Mail: quality@qualitymark.com.br

Dados Técnicos
Formato: 16 x 23
Mancha: 12 x 19,5
Corpo: 10
Entrelinha: 13
Fonte: Verdana
Total de Páginas: 136